FASZINATION ERDE

ÄGYPTEN

Lebensader Nil: Kaum ein anderes Land wird so sehr von einem einzigen Fluss geprägt wie Ägypten. Zum typischen Bild gehören die Feluken – ein- oder zweimastige Segelschiffe (hier bei Assuan).

FASZINATION ERDE

ÄGYPTEN

Hey Süße, wir hoffen,
dass du sehr viel Spaß
mit diesem Buch haben
wirst und dass du
noch nicht alles über
Ägypten weißt
Wir hoffen dir gefällst

Schlangenbeschwörer in Dendera: In diesem Land, das so reich ist an Kunst und Kultur, an Mythen und Legenden, vermischen sich Tradition und Gegenwart Tag für Tag neu zu einer »Magie des Augenblicks«.

ZU DIESEM BUCH

Die Arabische Republik Ägypten (Gumhuriyyat Misr al-Arabiyya) wurde am 28. Februar 1922 ein (von Großbritannien) unabhängiges Königreich und ist seit 1953 eine Präsidialrepublik, deren Präsident von der Volksversammlung zum Staatsoberhaupt und Oberbefehlshaber der Streitkräfte ernannt und durch Volksentscheid für jeweils sechs Jahre bestätigt wird. Das Parlament setzt sich aus zwei Kammern zusammen, der Volksversammlung und dem Schura-Rat.

»Man kann ungefähr die ganze Erde kennen: Doch wer nicht in Ägypten war, hat nicht die Tiefe der Welt erfahren. Ägypten ist das A und O aller Reiseerfahrungen«: Was der Reiseschriftsteller Horst Krüger vor fast 50 Jahren so treffend formulierte, hat seine Gültigkeit bis heute nicht verloren. Denkt man an das Land am Nil, steigen im Geist sofort verheißungsvolle Bilder auf: die Tauchparadiese am Roten Meer, die weltabgewandten Dasen und Klöster der Wüste, vor allem aber natürlich die granliosen Baudenkmäler der pharaonischen und auch islamischen lochkultur, von den Pyramiden und Tempeln zwischen Gizeh nd Abu Simbel bis zu den mittelalterlichen Moscheen Kairos.

Eine weitere Stärke dieses traditionsreichen Reiselandes nd seine Bewohner. Deren so liebenswürdiges Wesen offenart sich bei jeder Begegnung – beim Bummel durch die mitlalterlichen Basargassen der Kairoer Altstadt ebenso wie in n Lehmhütten der Fellachendörfer Oberägyptens und des ltas, beim Besuch alter Einsiedeleien wie in den Beduinenten des Sinai oder den klimatisierten Bürotürmen Alexands und Kairos. Das herzlich-friedfertige Auftreten und die tief pfundene Frömmigkeit der Ägypter – denen Gewalt, wie sie hetzte Attentäter in den 1990er-Jahren vereinzelt auch gegen ländische Gäste ausübten, gänzlich wesensfremd ist – hinterlassen denn auch neben all den fantastischen historischen Relikten und Naturlandschaften bei den Reisenden die bleibenden Eindrücke.

Die atemberaubende Vielfalt Ägyptens zeigen wir Ihnen zuerst in geografisch gegliederten Bildkapiteln. Der Atlasteil ermöglicht es Ihnen, sich über die Lage der Orte und Sehenswürdigkeiten zu orientieren, die Anfahrtswege zu überblicken und mithilfe der Piktogramme auf neue Erkundungsreisen zu gehen. Das abschließende Register, das Bildband- und Atlasseiten miteinander verknüpft, enthält zusätzlich Internetadressen der wichtigsten Sehenswürdigkeiten. All dies möge Ihnen helfen, Ägypten in seiner ganzen Schönheit zu entdecken.

Wolfgang Kunth

Weltkulturerbe Abu Simbel: Ohne die Hilfe der UNESCO wären die beiden von Ramses II. angelegten Felsentempel im damals weltweit größten künstlichen Wasserreservoir, dem Nasserstausee, versunken.

INHALT

Ägypten erstreckt sich zwischen dem Mittelmeer im Norden, dem Roten Meer im Osten und der Sahara im Süden. Nur etwa vier Prozent der Landesfläche (etwa eine Million Quadratkilometer) ist landwirtschaftlich nutzbar. Der überwiegende Teil besteht aus Gesteins-, Sand- und Bergwüsten, die sich zu beiden Seiten des Niltals und auf der Halbinsel Sinai ausbreiten. Mit rund 70 Millionen Einwohnern ist Ägypten eines der am dichtesten besiedelten Länder der Erde.

Und da geht's nur mit Idefix rein?

»Perle des Mittelmeers«: Entlang der nächtlich illuminierten Uferpromenade (Corniche) von Alexandria lässt es sich unter Palmen flanieren und träumen von der alten Zeit, die noch viele Geheimnisse birgt.

Bauernalltag im Nildelta: Fellachen versorgen bis heute das ganze Land mit Getreide, Gemüse und Obst. »Fellache« kommt vom arabischen Wort »Fallah« (»Pflüger«), »falaha« bedeutet »den Boden bearbeiten«.

DELTA UND MITTELMEERKÜSTE

Alexandria – die altehrwürdige, am nordwestlichen Rand des Deltas auf einer Landzunge zwischen Mittelmeer und Mariyut-See gelegene einstige Vielvölkerstadt – hat schon bessere Tage gesehen. Auf den Spuren ihrer glorreichen Vergangenheit zu wandeln lohnt sich jedoch – zumal man dabei auch auf manches Relikt aus antiker Zeit stößt. Außerdem bieten das im Osten sattgrüne Hinterland – das Delta zwischen Rosetta und Damietta – und im Westen die Wüste sowie die Küste Richtung Marsa Matruh manche Überraschung.

Antike Fundstücke zeugen vom Isis-Kult. Das Bild oben links zeigt die Göttin den Horusknaben stillend, das dritte der Reihe präsentiert sie als Zauberin, rechts ihr Porträt auf einem Medaillon. Aus ptolemäischer Zeit stammen die Glastäfelchen (oben, zweites von links), das Mosaik (unten) und die Köpfe ptolemäischer Könige (rechte Seite unten). Mit Kleopatra VII. (rechte Seite oben: Relief, 1. Jh. v. Chr., daneben ein Gemälde von Frederick Stibbert und Benedetto Servolino, 1869), endete die ptolemäische Herrschaft.

DIE IDEALSTADT AM MITTELMEER

Einen besseren Ort hätte sich Alexander der Große nicht auswählen können, als er beschloss, genau hier an Ägyptens Mittelmeerküste einen Hafen zu gründen: Da gab es einen niedrigen Kalkfelsen, landeinwärts gleich daneben einen großen Süßwassersee und draußen vor der Küste eine kleine Insel. Letztere ließ Alexander durch einen Damm mit dem Festland verbinden, wodurch er einen viel bewunderten Doppelhafen schuf, den man aus jeder Windrichtung anlaufen konnte. In der Folge baute man ein Netz von Kanälen, die Hafen und See mit dem Nil verbanden. Straßen und Wohnblöcke wurden in Schachbrettform angeordnet, sodass sie dem kühlenden Nordwind offenstanden. Hinzu kamen Parks und ein Zoo. In ihrer höchsten Blüte um Christi Geburt umfasste die Stadt eine Fläche von etwa fünf mal zwei Kilometern und zählte fast eine Million Einwohner. Mit dem Museion besaß sie das bedeutendste Forschungszentrum der damaligen Welt – und mit dessen Sammlung von 700 000 Schriftrollen die größte Bibliothek. Regiert wurde sie von der wohl sagenumwobensten Herrscherin der Antike, Königin Kleopatra VII. (69–30 v. Chr.). Und ganz draußen, an der Spitze der ehemaligen Insel Pharos, stand ein 122 Meter hoher Leuchtturm, der bis zu seinem Einsturz bei einem Erdbeben zu den Sieben Weltwundern gehörte.

Wo einst der berühmte antike Leuchtturm stand – am nördlichen Ende der Corniche auf der ehemals der Stadt vorgelagerten Insel Pharos –, errichtete man im 15. Jahrhundert die Festung Qaitbay (unten). Eine breite Landzunge teilt den Hafen (oben) in einen Ost- und einen Westhafen.

Alexandria (1)

Am Hafen, wo einst der Pharos stand, zieht die osmanische Seefestung Qaitbay alle Blicke auf sich. Stadteinwärts liegt der orientalisch anmutende Bezirk Bahari mit seinen engen Gassen, geschäftigen Basaren, mehreren großen Moscheen sowie – am Westrand – dem Palast Ras el Tin. Einen Kontrapunkt bildet der Midan el Tahrir: Dieser Platz war im 19. Jahrhundert das Zentrum des modernen Alexandria, an dem die Wohn- und Kaufhäuser, Kirchen und Konsulate der Ausländer standen. Wichtigste Baudenkmäler der Antike sind die römische Badeanlage und das Amphitheater von Kom ad Dik, die frühptolemäischen Gräber von Anfuschi, die Katakomben von Kom asch Schuqafa sowie die berühmte, von zwei Sphingen bewachte, 27 Meter hohe »Säule des Pompeius«. Als Fundgrube für Relikte aus der Zeit von 300 v. bis 300 n. Chr. erweist sich das Griechisch-Römische Museum.

Unten: Prachtfassade an der Corniche, Altstadtgasse. Rechte Seite von oben: beim Rialto Cinema, im Brazilian Coffee Store, am Bahnhof. Oben von links: Abendstimmung über den Minaretten der Stadt, die Abu el-Abbas el-Mursi-Moschee, das Theater Mohamed Ali Sayed Derwich.

Alexandria (2)

Alexandria zählt heute über sechs Millionen Einwohner. Mehr als 40 Prozent der ägyptischen Industrie sind hier angesiedelt. Der Panoramablick über die Skyline ist dementsprechend ernüchternd, die Luft vom Smog grau. Doch am Mythos der Stadt kann die Realität wenig ändern: Noch um 1900 galt sie als kosmopolitisches Zentrum des östlichen Mittelmeerraums, war die Heimat reicher Griechen und Syro-Libanesen, künstlerisch begabter Armenier und Italiener, abenteuerhungriger Engländer und Juden, die im Baumwollhandel zu Geld gekommen waren. Manch eklektizistische Fassade entlang der Corniche, im alten Nobelviertel Moharrem Bey und in Montazah erinnert noch an diese Zeit. Auch in manchen Cafés und Art-Déco-Kinopalästen glaubt man noch den Gestalten aus dem »Alexandria-Quartett« – Lawrence Durrells unsterblicher Roman-Tetralogie – begegnen zu können.

Unten: Postmoderne trifft Antike – symbolisch vereint in den Sprachen der Welt, eingeritzt in die Wand der Bibliotheca Alexandrina (rechte Seite). Oben: Um den Erhalt der wertvollen Schriften dieser Bibliothek (links eine königliche Verfügung Kleopatras) kümmern sich Restauratoren.

EIN MEILENSTEIN DER POSTMODERNEN ARCHITEKTUR

Ägyptens legendäre Hafenstadt wurde noch vor zwei, drei Generationen schwärmerisch »Perle des Mittelmeeres« genannt. Mittlerweile ist der Glanz verblasst. Doch zwei Projekte sollen sie erneut zu einem geistigen und kulturellen Zentrum machen; zu einem Brennpunkt des Wissens zwischen arabischer, afrikanischer und mediterraner Welt: die 1990 gegründete Senghor-Universität und die neue »Bibliotheca Alexandrina«. Letztere – ein kolossaler, von einem internationalen Architektenteam unter norwegischer Führung entworfener Meilenstein postmoderner Weltarchitektur – wurde nach längeren Verzögerungen im Jahr 2002 eröffnet und bietet Raum für 4,5 Millionen Bücher. Ob sie ihrer antiken Vorgängerin, auf deren Boden sie steht, jemals das Wasser wird reichen können? Immerhin galt jene zu Beginn des 3. Jh. v. Chr. von Ptolemaios I. gegründete Institution als wichtigste Bibliothek des Altertums und war von entscheidender Bedeutung für die Ausbreitung des griechischen Geistes und die Entwicklung der antiken Wissenschaft. Nicht zufällig ersannen in ihrem Umfeld Aristarch erstmals ein heliozentrisches Weltbild und Archimedes seine Schraube sowie den Flaschenzug, berechnete Erathostenes von Kyrene den Erdumfang, verfassten Euklid sein Lehrbuch der Geometrie und Ptolemäus seinen Grundriss der Sternenkunde.

Nördlich von Kairo mündet der Nil mit zwei großen Mündungsarmen und dem rund 24 000 Quadratkilometer großen Nildelta ins Mittelmeer. Oben: Bei Rosetta (Rashid) wurde der Stein entdeckt, dessen dreisprachige Inschrift die Entzifferung der Hieroglyphen ermöglichte.

Das Nildelta

Grandiose Tempel und Gräber sucht man hier vergebens. Hotels und Souvenirshops sind äußerst rar. Im Nildelta herrscht bescheidener Bauernalltag – charmant, aber unspektakulär und reguliert durch die engen Grenzen von Bewässerungsgräben, lehmigen Häusern und kleinteiligen Feldern, auf denen ganzjährig Reis, Baumwolle und Gemüse gedeihen. Doch ganz bar jeglicher Attraktion ist dieses flache, immergrüne Schwemmland keineswegs: Im Osten etwa finden sich die Ruinen der ptolemäischen Metropole Tanis. An der Mündung des östlichen Nilarms, am Ufer des Manzala-Sees, liegt der lange als Warenumschlagplatz und für seine Textilproduktion bedeutsame Hafen Damietta. Und vis-à-vis, am Ende des westlichen Arms liegt Rosetta (auch: Rosette), weltberühmt dank dem Stein, mit dessen Hilfe Jean-François Champollion (1790–1832) die Hieroglyphen entzifferte.

Rund drei Viertel der Bevölkerung Ägyptens sehen sich als Nachkommen einer alteingesssenen ländlich-bäuerlichen Bevölkerung (Fellachen), die sich ihrerseits als direkte Nachfahren des pharaonischen Ägyptens betrachtet und besonderen Wert legt auf die Erhaltung alter Traditionen.

DIE FELLACHEN: BÄUERLICHES LEBEN AM NIL

Die Natur des Nils hat die Mentalität und den Alltag seiner agrarisch lebenden Anrainer tief geprägt. Das An- und Abschwellen des Stromes, das Keimen und Heranwachsen der Saat, die Ernte – dieser immer gleiche, gottgegebene Rhythmus der Natur übertrug sich auf die kollektive Seele. Die Gewissheit um das Unausbleibliche, die Zuversicht, die dieser Rhythmus vermittelte, und die daherrührende unverbrüchliche Gemütsruhe und Heiterkeit sind in jedem Dorf, ja selbst in der Großstadt bis heute spürbar. Zahlreiche Fremdvölker, von den Hyksos, Nubiern und Assyrern über die Perser, Griechen und Römer bis zu den Arabern und Türken, sind in das Niltal eingefallen, beherrschten es und vermischten sich mit seinen Bewohnern. Und doch erwiesen sich die am Nil lebenden Menschen gegen alle ethnischen Vermengungen wie gegen alle politischen und gesellschaftlichen Umwälzungen stets als immun. Sie begegneten Fremden traditionell mit Toleranz und integrierten lieber, statt abzuweisen. Thomas Mann konstatierte in diesem Land einen »grundeigentümlichen, alles durchdringenden, Mensch und Ding in seinem Bilde bestimmenden Gottesgeist«. Und der Wiener Kulturhistoriker Egon Friedell schrieb von der seinen Einwohnern »seit jeher eigenen pflanzenhaften Trägheit des Stoffwechsels«, ihrem »Andante des Lebenstempos«.

Unten: Die vielen Ramsesdarstellungen (Kolossalstatuen, Reliefs, Sarkophage) nährten die Vorstellung einer Ramses-Stadt in Tanis. Oben: Masken der in Tanis bestatteten Könige Sheshonk und Amenemope, daneben eine Sphinx). Rechte Seite: in der Grabstätte von König Osorkon II.

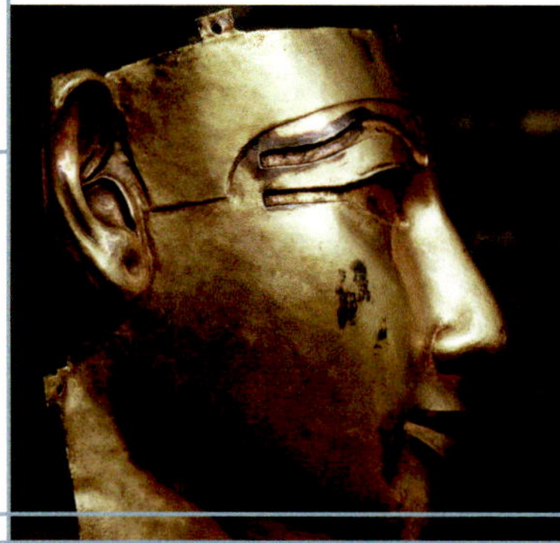

Tanis

Lange Zeit wurde von vielen Experten die eine halbe Autostunde nördlich von Qantir gelegene Ruinenstätte von Tanis für das einstige Zentrum des Ramessidenreiches gehalten. Richard Lepsius und Auguste Mariette, zwei Koryphäen des Ägyptologenfaches, hatten sich ob dieser Frage schon Mitte des 19. Jahrhunderts eine heftige deutsch-französische Kontroverse geliefert. Doch inzwischen brachte man längst Licht in das historische Dunkel und erkannte Tanis als Schöpfung einer fast 200 Jahre jüngeren Dynastie, die Steine und Statuen aus Pi-Ramesse abtransportieren und »recyceln« ließ. Was freilich die Eindrücklichkeit dieses weiten, vorrangig von französischen Archäologen betreuten und seit längerem auch für Touristen zugänglichen Trümmerfeldes mit seinen imposanten Mauern, Säulen und Gräbern, Kolossalstatuen und Obelisken keineswegs schmälert.

Fundstücke wie die Stele Ramses' II. (unten) lassen das Archäologenherz höher schlagen. Rechte Seite: das Nildelta bei Qantir, Ausgrabungsstätten Pi-Ramesse (ganz rechts oben und Mitte) und Tell el-Daba. Oben: Freilegung eines Brunnens von Ramses' II., Archäologen in Pi-Ramesse.

Pi-Ramesse, Tell el-Daba

Nördlich des Fellachendorfes Qantir im östlichen Nildelta haben deutsche Archäologen in den letzten 20 Jahren die Relikte von Pi-Ramesse (»Haus des Ramses«), dem Geburtsort von Ramses II., ausgegraben. Der »König der Könige« ließ im 13. Jahrhundert v. Chr. den Regierungssitz von Memphis hierher verlegen. Auf einem Gelände von fast 30 Quadratkilometern fand man Überreste von Werkstätten und Stallungen, die wertvolle Aufschlüsse über den Alltag der alten Ägypter lieferten. In unmittelbarer Nähe, auf dem Tell el-Daba, förderten österreichische Kollegen Reste der Hyksos-Hauptstadt Auaris zutage. Umfangreiche Funde minoischer Fresken, Keramiken und Schmuckstücke belegen dort, welch Schmelztiegel der Völker und Kulturen das östliche Nildelta damals war und welch enge Beziehungen seine Bewohner zur Levante, insbesondere zu Kreta, pflegten.

Das Wadi el-Natrûn hat seinen Namen (Natron-Tal) von dem – schon zur Zeit der Pharaonen hier abgebauten – Natronsalz und befindet sich in einer rund 22 Meter unter dem Meeresspiegel gelegenen Wüstensenke. Dort kann man noch vier von einst über 50 koptischen Klöstern besichtigen.

Die Klöster des Wadi el-Natrûn

Etwa auf halbem Weg zwischen Alexandria und Kairo erstreckt sich südöstlich der Hauptstraße das 50 Kilometer lange Wadi el-Natrûn. Der wüste Landstrich, aus dessen allsommerlich austrocknenden Salzseen einst die Einbalsamierer der Pharaonen jenes Natronsalz schürften, mit dessen Hilfe sie den mumifizierten Körpern das Wasser entzogen, bildet seit dem 4. Jahrhundert ein Zentrum des frühchristlichen Mönchtums. Während der Blütezeit standen hier über 50 Klöster, in denen etwa 50 000 Männer lebten. Vier davon – Deir el-Baramus, Abu Makar, es-Suriani und Anba Bischoi – sind noch heute bewohnt und bergen hinter ihren mächtigen Mauern beeindruckende Klosteranlagen. In deren Mitte kann man über 1000 Jahre alte Kirchen samt originalen Fresken, kostbaren Ikonen sowie aus Holz und Elfenbein geschnitzten Ikonostasen besichtigen.

»Die Kopten … sind als Partner und Vermittler zwischen dem Westen und dem Islam sehr wichtig. Wir verstehen die Sprache … und wir können gerne als Vermittler zur Verfügung stehen und versuchen, ein Miteinander zu ermöglichen« (Anba Damian, koptisch-orthodoxer Bischof für Deutschland).

DIE KOPTEN: »KIRCHE DER MÄRTYRER«

Die Kopten – ihr Name bedeutete ursprünglich schlicht »Ägypter« und bezeichnet heute die ägyptischen Christen – fühlen sich selbst als kulturelle Erben der ältesten christlichen Gemeinde außerhalb Palästinas. Stolz verweisen die Kopten darauf, einstmals die Heilige Familie drei Jahre lang in Ägypten beherbergt zu haben. Die etwa acht Millionen Christen des Nillandes – die seit alters her einen überproportionalen Anteil an der Elite des Landes haben und vielfach unter den Christenverfolgungen litten, weshalb man auch von der »Kirche der Märtyrer« spricht – siedeln traditionell in Mittelägypten zwischen El-Minia und Kena sowie in Kairo und Alexandria. Ihre Sprache wurde im Mittelalter vom Arabischen verdrängt und hat vornehmlich in der Liturgie überlebt. Gegründet wurde die koptisch-orthodoxe Kirche der Überlieferung nach bereits im 1. Jahrhundert n.Chr. von dem Evangelisten Markus. Sie gilt als Wiege des christlichen Mönchstums und missionierte unter anderem Nubien und Äthiopien. Ihre Anhänger, die besonders intensiv das Kreuz und die heilige Jungfrau verehren, brachten das Christentum angeblich bis nach Irland. Oberhaupt ist Seine Heiligkeit Anba Shenuda III., der »Papst und Patriarch von Alexandria«, der als der 117. Nachfolger des heiligen Markus gilt.

Die im Jahr 1905 entdeckten Ruinen von Kirchen, Klosteranlagen und Pilgerunterkünften in Abu Mena zählen zum – durch das Ansteigen des Grundwasserspiegels stark bedrohten – UNESCO-Welterbe. Oben: Bei Marsa Matruh (rechts mit dem »Kleopatras Bad« genannten Strandabschnitt).

Von Abu Mena bis Marsa Matruh

Rund 50 Kilometer Luftlinie südwestlich von Alexandria liegen die Ruinen von Ägyptens größter frühchristlicher Stadt. Nach dem Märtyrertod des Soldaten und späteren Heiligen Menas im Jahr 296 entstand rund um seine letzte Ruhestatt ein Wallfahrtsort, der sich rasch zu einem großen Gemeinwesen auswuchs und seine Blüte vom 5. bis zum 7. Jahrhundert erlebte. Unter den archäologischen Resten zu erkennen sind Badeanlagen, Pilgerherbergen, ein Klosterbau sowie mehrere Kirchen. Die Küste in Richtung Westen ist streckenweise mit Villensiedlungen für Sommerfrischler arg verbaut. Ihre Strände aber sind herrlich. Die schönste Bucht – Agiba, »die Wunderbare« – liegt bei Marsa Matruh, dem Verwaltungszentrum jener riesigen, von nur 220 000 Menschen besiedelten Provinz, die sich von Alexandria über 500 Kilometer weit bis an die Grenze zu Libyen erstreckt.

Wasserpfeife gefällig? Frau muss sich nur zu helfen wissen – auch während der abendlichen Rushhour im Verkehrsstau, der sich von den übrigen Staus untertags nur durch das mildere Licht unterscheidet.

»Stadt der 1000 Minarette« wird Kairo auch genannt: Hier mischen sich die Türme der im 14. Jahrhundert errichteten Sultan-Hassan- mit jenen der direkt benachbarten Er-Rifai-Moschee aus dem Jahr 1912.

KAIRO

Wer Kairo nicht gesehen hat, hat die Welt nicht gesehen, heißt es in den Erzählungen aus 1001 Nacht. Heute lebt in der größten Stadt Afrikas fast jeder Vierte der mittlerweile rund 70 Millionen Ägypter. Der Glanz der Nilmetropole mag seit Scheherazades Zeiten etwas verblasst sein, und doch ist Kairo nicht nur das unbestrittene politische, geistige und wirtschaftliche Zentrum des Landes, sondern auch der Inbegriff einer orientalischen Märchenstadt, die den Reisenden bis heute fasziniert.

Mehr als 90 Prozent der ägyptischen Bevölkerung sind sunnitische Muslime, ihre Moscheen prägen das Stadtbild. Unten: die 876 bis 879 errichtete Ibn-Tulun-Moschee. Rechte Seite: die 1472 bis 1474 errichtete Sultan-Qaitbay-Moschee. Oben: im Innenhof der 641 gegründeten Amr-Ibn-el-As-Moschee).

Die islamische Altstadt

Al Qahira, die »Siegreiche«, deren Name später von italienischen Kaufleuten zu Kairo verballhornt werden sollte, wurde im Jahr 969 von schiitischen Herrschern, den Fatimiden, neben der alten arabischen Siedlung Fustat gegründet und zunächst als Palastbezirk genutzt. Erst Saladin, der berühmte Vater des Ajjubiden-Geschlechts, öffnete die königliche Enklave dem gemeinen Volk. Entlang der Hauptverkehrsachse, der einstigen Qasaba und heutigen Sharia el-Muizz li-Din, überboten sich Sultane, Prinzen und Wesire als Bauherren geradezu: Unter den Monumenten der Altstadt hat die UNESCO über 600 zu unbedingt erhaltenswerten Kunstdenkmälern erklärt. Schutz ist bitter nötig: Die großartigen Moscheen und Mausoleen, Koranschulen, Wohn- und Krankenhäuser, Dampfbäder, Brunnen und Karawansereien leiden aufgrund des Smogs und der Abwässer an Zersetzung.

Mit dem Bau der Al-Azhar-Moschee wurde bereits im Jahr 970 begonnen. Seit dem Jahr 989 beherbergt sie die Universität für islamisches Recht und arabische Sprache. Der Rektor dieses Weltzentrums der sunnitischen Tradition ist zugleich die höchste theologische Autorität Ägyptens.

AL-AZHAR: GEISTIGES ZENTRUM DER ARABISCHEN WELT

Im Herzen der Altstadt erhebt sich die Moschee und Universität Al-Azhar. Benannt wurde sie nach Fatima, der Tochter des Propheten, die so schön gewesen sein soll, dass man ihr den Beinamen al-Zahra (»die Blühende«) gab. Der verschachtelte, aus Gotteshaus, Medrese (Hochschule) und Studentenheimen bestehende Gebäudekomplex mit seinen fünf Minaretten bildet seit über 1000 Jahren den intellektuellen Mittelpunkt und Machtfokus der gesamten arabischen und eines Großteils der moslemischen Welt; ein Zentrum der Bildung und Identitätsstiftung, eine Art Synthese aus Oxford, Sorbonne und Vatikan. Seine Geistlichkeit, die Ulama, genießt als oberster Wächter über Grund- und Rechtsfragen des sunnitischen Islam von Marokko bis Indonesien und Südrussland höchstes Ansehen. In Ägypten lenkt sie über ein eigenes Bildungssystem, das 20 Hochschulen und 2000 Gymnasien umfasst und parallel zum staatlichen existiert, die Erziehung des religiösen Nachwuchses. In dem von Alabastersäulen gesäumten Innenhof herrscht meist gedämpfte Betriebsamkeit. Der angrenzende Gebetssaal diente einst als Vorlesungsraum. Hie und da kann man in dem Wald aus insgesamt 375 Säulen diese uralte Form des offenen Unterrichts noch heute beobachten. Doch das Gros der Fakultäten mit ihren rund 150 000 Studenten ist heute ausgelagert.

Kairos Altstadt ist ein Fest für alle Sinne: Wo sieht man schon mal eine Metzgerei unter freiem Himmel? Wo riechen die Gewürze und das frische Brot so intensiv wie hier, mischt sich das Hämmern der Handwerker mit den Stimmen von Märchenerzählern und dem Blöken von Kamelen?

Gamaliya und Ghuriya

Sie sind die Heimat von Literaturnobelpreisträger Nagib Machfus und vieler Protagonisten seiner über drei Dutzend Romane: die beiden zentralen Altstadtviertel Gamaliya und Ghuriya. Im Norden reicht ihr Gebiet bis hinter die hohe Stadtmauer aus Salah ad-Dins Zeiten mit ihren beiden Toren, dem Bab el-Futuh und el-Nasr, und im Süden am doppeltürmigen Bab Zuwaiyla vorbei bis in die Gegend der Zitadelle. Ein Gang durch ihre Gassen offenbart eine faszinierend altertümliche und sehr unterhaltsame Welt aus verwinkelten Basaren mit düsteren Werkstätten und Karawansereien, Marktständen, uralten Moscheen. Am tiefsten ins Gedächtnis ein prägt sich das ungemein dichte Gewirr von einkaufenden Hausfrauen und spielenden Kindern, Trägern, Händlern und Müßiggängern, von Esels-, Hand- und Pferdekarren, Radfahrern und unermüdlich hupenden Kleinlastwagen.

»Diejenigen, welche glauben und gottesfürchtig waren, ihnen wird frohe Botschaft sein im irdischen Leben und im Jenseits«, verspricht der Koran. Großes Bild: Morgengebet in der Ibn-Tulun-Moschee. Rechte Seite und oben: Gläubige im islamischen Viertel von Kairo.

»ALLAHU AKBAR«: ÜBER DAS GEBET

»Allah ist groß! … Ich bezeuge, dass es keinen Gott gibt außer Allah … und Mohammed sein Gesandter ist … «: Das Gebet, zu dem der Muezzin die Gläubigen mit diesen Worten ruft, gilt als eine grundsätzliche Pflicht, deren Einhaltung jedem Muslim auferlegt ist. Es strukturiert den Alltag der Gläubigen und hilft ihnen, das Bewusstsein vom diesseitigen Getriebe weg- und zum Daseinsgrund hinzulenken. Bedingung für die Gültigkeit des Rituals ist die kultische Reinheit. Sie wird jeweils unmittelbar vor Beginn durch eine Waschung gewährleistet. In der Moschee stellen sich die Gläubigen mit dem Gesicht Richtung Mekka in Reihen auf, wobei strikte Geschlechtertrennung herrscht. Der Betende hebt zunächst beide Hände und spricht mehrere Glaubensformeln und Koransuren. Es folgt ein Vornüberbeugen des Körpers, bei dem erneut »Allahu Akbar«, »Gott ist groß«, sowie Lobesworte gesprochen werden. Hierauf lässt sich der Betende, weitere Huldigungen murmelnd, zum Zeichen seiner Hingabe auf die Knie nieder, um mit der Stirn den Boden zu berühren. Jedes Gebet setzt sich aus mehreren solchen Bewegungszyklen zusammen, die je nach Tageszeit zwei- bis viermal zu wiederholen sind. Abschließend spricht er das sogenannte Bezeugungs-Gebet und wünscht seinem Nachbarn: »Der Friede sei mit euch und die Barmherzigkeit Gottes.«

Was darf es denn sein? Antiquitäten (großes Bild), ein schmucker Fes, Gewürze oder Schmuck (oben von links)? Im Basar ist das alles zu haben – und viel mehr. Dem Durstigen aber bieten Straßenhändler (rechte Seite) Erfrischungsgetränke – eisgekühlten Limettensaft etwa.

Basar Khan el-Khalili

Magnetische Anziehungskraft übt der zwischen der Muski-Straße und Hussein-Moschee gelegene Khan el-Khalili aus, der große Basar von Kairo. Der traditionsreiche Knotenpunkt des Kommerzes hat seinen Namen von einem mameluckischen Stallmeister, der hier vor rund 600 Jahren einen weitläufigen Handelskomplex erbauen ließ. In unmittelbarer Nähe befand sich der Gewürzmarkt, wo Händler aus Südarabien, Persien und Indien ihre exotisch duftenden Waren umschlugen. Heute besteht das Sortiment hier in erster Linie aus Alabastersphingen, Puffpolstern, Messingtellern und ähnlichem Krimskrams für die Kreditkartenkunden aus Übersee. Einheimische kaufen allenfalls noch Schmuck. Doch atmosphärisch bietet das Geflecht aus engen, größtenteils überdachten Gassen mit seinem Menschengewimmel nach wie vor das echte Flair eines großen Basars.

»In den Wolken meiner Wasserpfeife Kommt die Knospe aller Zeit zur Reife […] Dichte Wichtigkeiten, Pflichtigkeiten / Fern im Lärm und Straßenstaub vergleiten. / Und vom Planen, Heischen, Unternehmen / Bleibt im Herzen nur ein leichtes Schemen.«
Franz Werfel, »Im Kaffeehaus zu Kairo«

KAFFEEHÄUSER: ALLTAGSREFUGIEN DER MÄNNERWELT

Zum fixen Bestandteil jedes frühen Reiseberichts gehört die Beschreibung eines Besuchs in einem echten Kairoer Kaffeehaus. Dessen Zauber – die Quintessenz der morgenländischen Mentalität und Lebenskunst – sei einmalig, schwärmten von Gérard de Nerval bis Gustave Flaubert so gut wie alle Pioniere unter den Ägyptenreisenden. Ein atmosphärischer Rest jener Welt aus 1001 Nacht hat vielerorts allen Modernisierungstendenzen getrotzt. Es sind immer noch Orte, wo – allerdings ausschließlich – Männer mit größter Meisterschaft dem Müßiggang frönen. Hauptaktivität bildet nach wie vor das für jeden Araber unverzichtbare Alltagsritual des Kaffee- oder Teetrinkens. Den Städtern unverzichtbar ist – im Gegensatz zu den Beduinen, die ihr Lebenselixier bitter und nur mit Kardamom versetzt lieben – der Zucker. Wobei zwischen »Qahwa siadeh« (stark), »wasat« (mäßig) und »arriha« (wenig gesüßt) unterschieden wird. Ein weiteres Requisit ist die Wasserpfeife (Narghile), an deren einlullendem Geblubber und herbem Tabakaroma sich Raucher ergötzen. Häufig scharen sich auch Männer um den Kaffeehaustisch und spielen Karten, Domino oder Tawla (Backgammon). Und wollen sie trotz aller Gesellschaft für sich sein, verschaffen sie sich mit einer Misbaha (der 33-perligen Gebetsschnur) eine zumindest innere Einkehr.

Die mit Alabaster – einem marmorähnlichen Gips – verkleideten Wände gaben der Mohammed-Ali-Moschee den Beinamen Alabaster-Moschee. In der Westecke des byzantinischen Kuppelbaus ist der als Begründer des modernen Ägyptens verehrte Mohammed Ali (1769–1849) begraben.

Mohammed-Ali-Moschee

Unter Kairos vielen Moscheen sind manche von herausragender architektonischer Qualität und voller Atmosphäre: Ibn Tuluns etwa mit ihrem mehr als 1000 Jahre alten, herrlich schlichten Innenhof und dem von irakischen Vorbildern inspirierten schneckenförmigen Minarett. Auch die Moschee des Mamelucken-Sultans Hassan und – ihr direkt gegenüber – die rund 550 Jahre jüngere, doch nicht minder kolossale Rifai-Moschee. Ein im doppelten Sinne überragendes Baudenkmal ist die Mohammed-Ali-Moschee (1824–1857) mit ihren Bleistiftminaretten und dem gewaltigen Kuppelsaal. Sie thront, die Silhouette der Altstadt prägend, auf dem Hügel der Zitadelle. Der Festungskomplex, zu dem Letztere gehört, wurde im Wesentlichen zur Zeit Saladins (12. Jh.) erbaut und diente seit damals ohne Unterbrechung bis in die 1980er-Jahre dem Militär als ein zentraler Stützpunkt.

Gottesdienst in der – der Jungfrau Maria geweihten – Kirche Al-Moallaqa. Ihren Beinamen »die Hängende« verdankt sie der Tatsache, dass sie – jedenfalls optisch – über einem Eingang des historischen Römerkastells Babylon »hängt«. Oben: Marienfresko (5. Jh.) im nahen Koptischen Museum.

Alt-Kairo – das koptische Viertel

Das südlich der islamischen Altstadt direkt am Nil gelegene, mehrheitlich von Kopten bewohnte Viertel Alt-Kairo hat eine über zweitausendjährige Geschichte: Hier kontrollierte schon zu Zeiten der Kaiser Hadrian und Trajan eine römische Festung namens Babylon den Schiffsverkehr auf dem Strom. Und im Jahr 642 errichtete der islamische Eroberer Amr Ibn el-As jenes Feldlager, aus dem später die erste arabische Hauptstadt Ägyptens entstand. In der Genisa, der Schriftenkammer der Ben-Ezra-Synagoge, wurde ein einzigartiger Schatz entdeckt: über 250 000 Buchfragmente und Urkunden, die über einen Zeitraum von acht Jahrhunderten penibel Alltag und Geschäfte der örtlichen jüdischen Kaufleute dokumentieren. Eine Besonderheit ist auch die koptische Kirche Al-Moallaqa, »die Hängende«, mit ihren mehr als hundert, teilweise über tausend Jahre alten Ikonen.

Auch Kairo wandelt sich – Hochhäuser, Neonreklamen und Handys inklusive. Souverän stellte sich der Literaturnobelpreisträger Nagib Machfus (1911 bis 2006) diesem Wandel, als er auf eine Interviewanfrage antwortete: »Sie kommen wegen des Nobelpreises? Aber das war doch gestern!«

DAS MODERNE KAIRO

Um 1900 hatte Kairo circa eine halbe Million Einwohner. Seither hat sich seine Einwohnerzahl mehr als verdreißigfacht. In Bezirken wie Shubra oder Bab ash-Sharya drängen sich pro Quadratkilometer über 150 000 Menschen. Freilich hieße es, das Improvisations- und Regenerierungstalent der Ägypter zu unterschätzen, hielte man die Situation für unrettbar. Die Lebensbedingungen sind zwar immer noch prekär – der Verkehr tollkühn, die Luft zum Schneiden, der Lärm enervierend und die Enge extrem. Doch neuerdings hat die Infrastruktur in vielem – der Telekommunikation etwa, dem U-Bahn-Bau, der Stromver- und der Abwasserentsorgung – beträchtliche Fortschritte erzielt. Zudem bildete sich ein dynamischer Mittelstand heraus, dessen Angehörige in modernen Appartementvierteln wie Dokki, Maadi oder Mohandessin alle Insignien westlichen Komforts genießen. Seit Mitte der 1980er-Jahre senden Radio und TV regelmäßig Werbespots zum Thema Familienplanung. Parallel wurde ein enges Netz gut ausgestatteter Kliniken aufgebaut, die nach ärztlicher Beratung gratis Kontrazeptiva abgeben. Auch die islamische Geistlichkeit hat ihren Widerstand längst aufgegeben und befürwortet grundsätzlich Geburtenkontrolle. Ergebnis: Das Bevölkerungswachstum betrug 1986 landesweit 2,8 Prozent, 2005 waren es nur noch 1,8.

Im Taxi durch Kairo – und dann aber hinein in die Gassen der Stadt, die für Nagib Machfus »das Symbol für die ganze Welt« waren: ob zum Shoppen, unterwegs zu einem Kulturgenuss (oben rechts: hinter der Bühne des Kairoer Opernhauses) oder ganz einfach zum Flanieren.

Esbekiya – das koloniale Kairo

Um 1870 machte Khedive Ismail, der die Europäisierung Ägyptens vorantrieb, Esbekiya – den Bezirk nordöstlich des Tahrir-Platzes – zum modernen Zentrum seiner Metropole. Im bewussten Gegensatz zur islamischen Altstadt legte er einen weitläufigen Lustgarten mit Cafés, luxuriösen Kaufhäusern und Hotels, einem Theater und Opernhaus an. Von großzügigen Plätzen gingen nach Pariser Vorbild strahlenförmig breite Boulevards ab. Aus dieser Epoche radikaler Verwestlichung sind viele architektonische Zeugnisse erhalten: monumentale Wohn- und Büroblöcke mit prächtigen Fassaden sowie Portale im Stil von Art Nouveau und Art déco, Neoklassizismus und Neobarock. Ein besonders opulentes Ambiente bietet der Midan Talaat Harb, benannt nach dem führenden Industrie-Tycoon der 1930er-Jahre. Hier steht bis heute das »Groppi«, einst das berühmteste Café der Stadt.

Hauptanziehungspunkte im Ägyptischen Museum sind die Totenmasken der altägyptischen Könige (Pharaonen). Großes Bild: die Goldmaske von Tutanchamun. Zum Museum gehört auch eine Mumienwerkstatt für konservatorische Maßnahmen (rechte Seite unten). Oben links/rechts: Sargdeckel der Königin Nesi-Khonsu. Rechte Seite Mitte: Detail des aus vergoldetem Holz bestehenden Kanopenschreins, in dem die Eingeweide Tutanchamuns separat geschützt werden sollten.

ÄGYPTISCHES MUSEUM: DAS PHARAONISCHE ERBE

Einer der ersten Wege führt wohl jeden Neuankömmling auf den Tahrir-Platz, ins Ägyptische Museum. Denn kaum ein zweiter Ort ruft so intensiv die Einzigartigkeit dieses Landes ins Bewusstsein. Dreitausend Jahre und 31 Dynastien ziehen in den 50 Sälen dieses über 100 Jahre alten Hauses am staunenden Betrachter vorbei – von König Narmer, dem ersten Pharao, bis zu den letzten Herrschern der persischen Spätzeit. Tausende von Stelen, Reliefs und Sarkophagen, der Schmuck, die Häuschen, Schiffsmodelle und andere Opfergaben sorgen für ehrfurchtsvolles Staunen. Vor allem aber beeindrucken die ungezählten Götterstatuen in Menschen- und Tiergestalt; gar nicht zu reden von den Sälen mit den Mumien der Pharaonen und jenen Schätzen, die Howard Carter 1922 in Tutanchamuns Grabkammer im Tal der Könige entdeckte. Seit Jahren ist vom Neubau eines ultramodernen Museums, eines Weltzentrums der Ägyptologie, am Wüstenrand bei Gizeh zu hören – aus Sicht der Altertumskundler und Konservatoren ein verständlicher Plan: Das jetzige Haus ist mit seinen mehr als 70 000 Exponaten genauso überbevölkert wie das Land, dessen Geschichte es dokumentiert. Doch die Aura des von Marcel Dourgnon entworfenen neoklassizistischen Baus wird durch keine moderne Ausstellungstechnik zu ersetzen sein.

Die Pyramiden von Gizeh: das einzige noch existierende Weltwunder der Antike – »ein Bau, vor dem die Zeit sich selber fürchtet; und alles hier auf Erden fürchtet sonst die Zeit« (Scheherazade in 1001 Nacht).

In einer Senke vor der Chephrenpyramide kauert ein Sphinx: ein über 70 Meter langes, rund 20 Meter hohes Mischwesen aus Mensch und Löwe als kolossale Wächterfigur und Abbild des Sonnengottes.

ZWISCHEN GIZEH UND FAIJÛM

Südlich von Kairo stehen am Westufer des Nils an die 100 Pyramiden, die das ägyptische Volk etwa 1000 Jahre lang seinen Pharaonen als letzte Ruhestätten errichtete. Das Ur-Modell bildet die um das Jahr 2550 v. Chr. erbaute Stufenpyramide von Sakkara. Die größte ist die Cheopspyramide – bis zur Fertigstellung des Eiffelturms das höchste Gebäude der Welt. Wenigstens die wichtigsten dieser Weltwunder zu besichtigen, gehört zu den beeindruckendsten Reiseerlebnissen überhaupt.

Momumentale Grabkammern als Ausdruck vergangener Macht. Die an der Ostseite der Cheopspyramide ausgegrabene Sonnenbarke (rechte Seite unten) sollte beim Übersetzen ins Jenseits behilflich sein. Oben: Abends setzt eine »Light & Sound Show« die Pyramiden effektvoll in Szene.

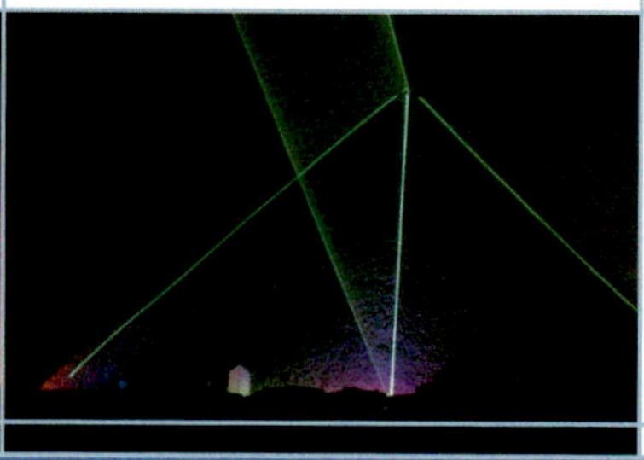

Die Pyramiden von Gizeh

Die verwaltungsmäßig völlig eigenständige Provinzhauptstadt Gizeh am Westufer des Nils mit ihren über 2,5 Millionen Einwohnern – de facto längst mit dem benachbarten Kairo verschmolzen – genießt wegen ihrer drei Pyramiden – den Grabmälern von Cheops, seinem Sohn Chephren und seinem Enkel Mykerinos – Weltruhm. Die Cheopspyramide ist mit ihren ursprünglich über 143, heute noch über 136 Metern Höhe die höchste der drei, auch wenn die mittlere Chephrenpyramide dank ihres etwas erhöhten Standpunktes und der an der Spitze noch erhaltenen ehemaligen Verkleidung aus der Ferne am höchsten wirkt. Die Cheopspyramide besteht aus rund 2,5 Millionen Steinblöcken zu je 2500 Kilogramm. Bei seinem Feldzug im Jahr 1798 ließ Napoleon ausrechnen, dass sich mit diesen Quadern eine drei Meter hohe Mauer um ganz Frankreich hätte erbauen lassen.

Von Memphis blieben im Wesentlichen nur die kolossale Kalksteinfigur Ramses' II. (unten) und der riesige Alabastersphinx (oben Mitte) erhalten. Oben links die Stufenpyramide von Sakkara, rechts ein Relief aus dem Grab des Mereruka – der ein hoher Beamter und Priester zugleich war.

Memphis, Sakkara

Von Memphis, der 20 Kilometer südlich von Gizeh gelegenen Hauptstadt des Alten Reiches, deren Wurzeln bis in das 5. Jahrtausend v. Chr. zurückreichen und die bis in griechisch-römische Zeit ein wichtiger Armeestützpunkt blieb, ist nur noch wenig vorhanden. Wichtigste Relikte sind ein Alabastersphinx und die liegende Kolossalfigur von Ramses II. Ungleich imposanter ist der alte Friedhof von Memphis: Sakkara, die größte Nekropole des Alten Ägypten. Im Zentrum der weitläufigen Anlage liegt der Grabbezirk des Königs Djoser, dessen rund 4600 Jahre alte Stufenpyramide als der früheste Steinbau der Menschheitsgeschichte gilt. Etliche Mastabas (Gräber) geben mit ihren fantastischen Reliefbildern Einblicke in den Alltag der hohen Beamten, aber auch der Bauern, Handwerker und Fischer. Zudem illustrieren sie die damalige Tier- und Pflanzenwelt.

Ungebrochen heroisch ist das Bild zeitgenössischer Maler von Napoleons Ägypteninvasion: Gnädig gewährt der Imperator den »Rebellen von Kairo« Pardon (großes Bild), stürmt hoch zu Ross in eine Moschee und immer seinen am Nil wie bei den Pyramiden kämpfenden Truppen voran.

ERZWUNGENE MODERNE: NAPOLEON IN ÄGYPTEN

Das Initialereignis für den Vorstoß des christlichen Europa in die muslimische Welt bildete Napoleons Ägyptische Expedition. 1798 erschien der Imperator mit der französischen Flotte vor der Küste, um dem britischen Erzfeind den Weg nach Indien abzuschneiden, stürmte Alexandria, besiegte nahe den Pyramiden das Heer der Mamelucken und besetzte Kairo. Doch bereits wenige Tage danach versenkten die Briten unter dem Kommando Admiral Nelsons in der Bucht von Abukir den gesamten feindlichen Schiffsverband. Das Scheitern des militärischen Abenteuers war absehbar – der korsische General kehrte bereits Anfang 1799 nach Frankreich zurück. Zwei Jahre später folgte ihm seine Armee, vernichtend geschlagen. Für Napoleon stand zwar das Kräftemessen mit England im Vordergrund, doch hatten seine Transportschiffe neben Kanonen und Soldaten auch an die 200 Ingenieure und Gelehrte, eine stattliche Bibliothek sowie technische und wissenschaftliche Geräte geladen. Dem Geist der Aufklärung gemäß gründeten die Franzosen in Kairo ein Institut »zum systematischen Studium des Nillandes und seines pharaonischen Erbes«. Das Ergebnis war eine vierundzwanzigbändige *Description de l'Egypte*, die in Europa geradezu eine Manie für alles Ägyptische, ja für alles Morgenländische überhaupt auslöste.

»Erscheinung des Snofru« wurde die Rote Pyramide (unten, links im Bild) von den alten Ägyptern genannt. Oben: die Knickpyramide. Rechte Seite: 65 Zentimeter hoch ist diese aus Zedernholz geschnitzte Figur, die eine nubische Kurtisane darstellen soll und in Dahshûr gefunden wurde.

Dahshûr

Das Gräberfeld von Dahshûr befindet sich am linken Nilufer, wenige Kilometer südlich von Sakkara. Seine Hauptattraktionen sind die sogenannte Knick- und die Rote Pyramide. Beide wurden vor über 4500 Jahren von König Snofru errichtet. Erstere ist 105 Meter hoch und nur von außen zu besichtigen. Ihr Name erklärt sich daraus, dass die Außenkanten zwei verschiedene Böschungswinkel aufweisen – im unteren Bereich 55 Grad, im oberen nur 43. Es wird vermutet, dass sich die ursprüngliche Neigung nach der Hälfte der Bauzeit als zu steil erwies und die äußeren Quader abzurutschen drohten, weshalb man den Bau flacher fortzusetzen beschloss. Die Rote Pyramide, benannt nach dem Farbton ihres Steins, hat eine Höhe von 101 Meter, ist bis in ihre innerste Grabkammer begehbar und gilt als ältestes Bauwerk der Menschheitsgeschichte in reiner Pyramidenform.

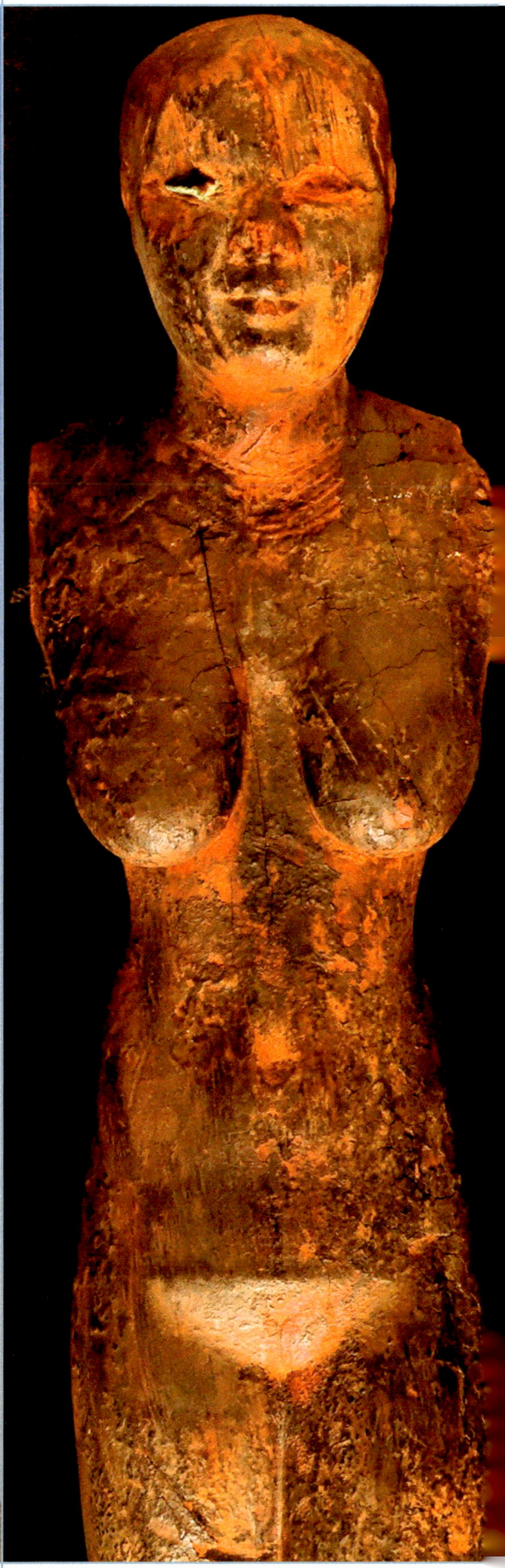

Im Wadi Al-Hitan (unten) wurden Fossilien gefunden, die von inzwischen ausgestorbenen Vorfahren unserer Wale stammen, den Urwalen oder Archaeoceti. Oben: »Das Seeland« heißt el-Faijûm aus dem Arabischen übersetzt (links/rechts: am Qarun-See, Mitte: Verkauf von Feigen).

Oase el-Faijûm, Wadi Al-Hitan

Die rund 90 Kilometer südlich von Kairo liegende, über zwei Millionen Einwohner zählende Oasenlandschaft el-Faijûm ist mit ihrer Fläche von knapp 1800 Quadratkilometer nach dem Nildelta Ägyptens größtes agrarisch genutztes Gebiet und gilt als Kairos Gemüsegarten. In der Hauptstadt – Medînet el-Faijûm – leben mehr als 250 000 Einwohner. Ehemals ein Sumpfland, wurde die überaus fruchtbare Provinz schon in der Pharaonenzeit mittels Deich- und Kanalanlagen entwässert. Heute wird die Region über den Jusuf-Kanal mit Nilwasser bewässert. Zeugnis der Blütezeit vor fast 4000 Jahren geben die Pyramiden von Sesostris II. (bei El-Lâhûn) und von Amenemhet III. (bei Hauwara). Im Nordwesten des Oasenbeckens erstreckt sich der leicht salzhaltige, fischreiche Qarun-See. Sehenswert ist das wegen seiner versteinerten Skelette berühmte Wadi Al-Hitan (»Tal der Wale«).

Kennzeichnend für die Praxis der islamischen Mystiker ist das »Gedenken« an Gott in Form einer – von rhythmischen Körperbewegungen begleiteten – schier endlosen Wiederholung des Gottesnamens mit dem Ziel, zur Gottesschau, gar zur Vereinigung mit Gott zu gelangen.

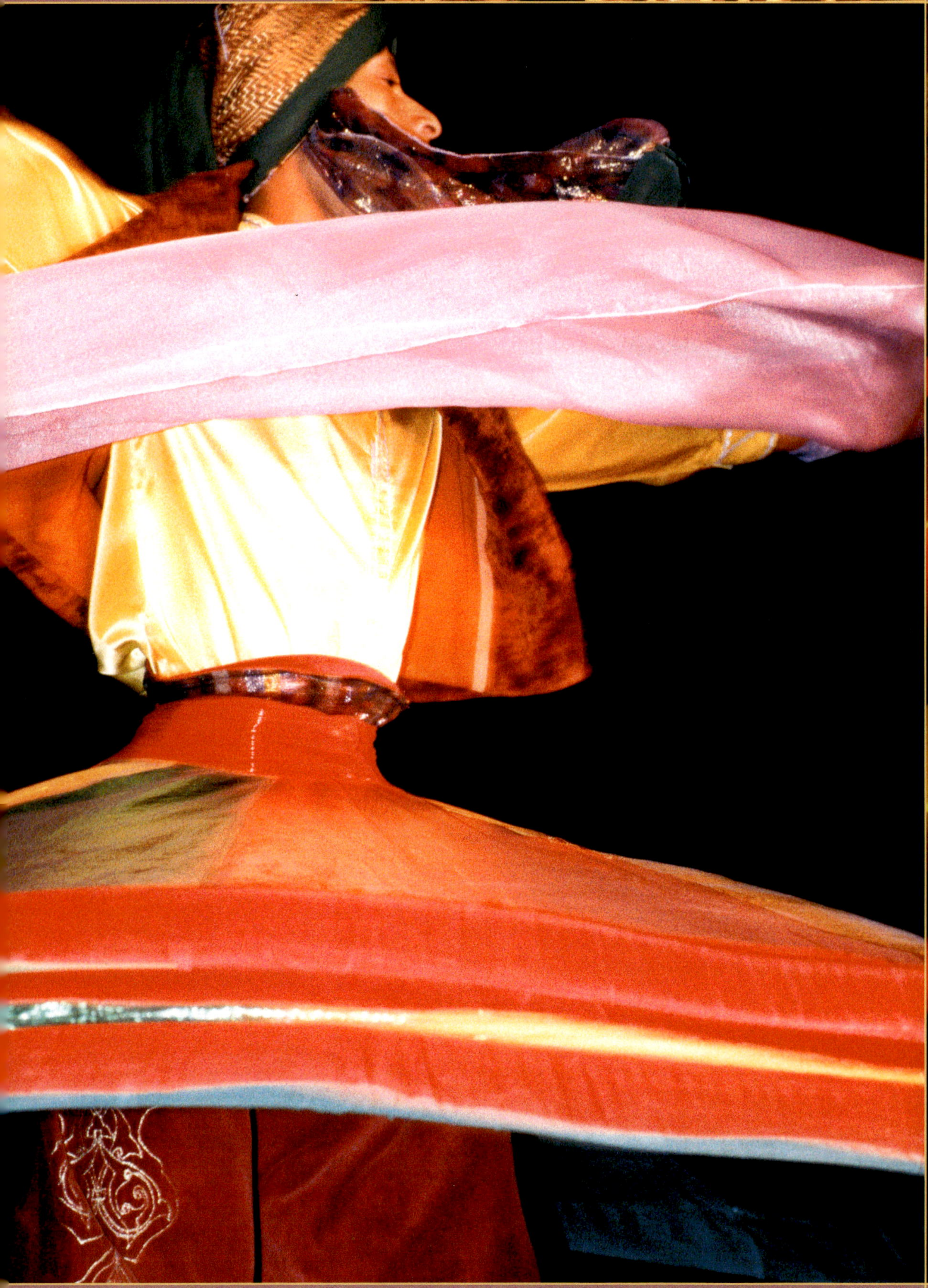

SUFISMUS – DER UNBEKANNTE ISLAM

Sufismus ist auch in Ägypten weit verbreitet: Die Anhänger dieses mystischen Volksglaubens im Islam sind in verschiedenen Bruderschaften vereint und treffen einander regelmäßig, um singend, tanzend und betend in andere Bewusstseinszustände zu gelangen. Für ihre – wegen der wollenen Kutten als Sufis (von arabisch »sûf«: »Wolle«) bezeichneten – Vorfahren stand nicht die treue Erfüllung der äußeren Gesetze der Scharia im Vordergrund, sondern die verinnerlichte Gottesschau, die persönliche Nähe zum höchsten Wesen, ja im extremen Fall sogar die trancehafte Einswerdung mit ihm – ein Ziel, das Sufis durch absolutes Gottvertrauen, strenge Askese und stille Meditation wie durch die von rhythmischen Bewegungen begleitete Rezitation bestimmter Namen und Formeln und andere ekstatische Rituale zu erreichen trachteten. Ihre vom christlichen Mönchstum, aber auch von Hinduismus, Buddhismus und vom Gnostizismus beeinflusste Geisteshaltung steht aber in einem innerem Widerspruch zum orthodoxen Islam und stieß deshalb von Beginn an auf einen energischen Widerstand. Dieser konnte aber nicht verhindern, dass im Lauf der Jahrhunderte viele Mystiker als Mahner und Reformprediger auftraten und vom Volk im Rahmen von Festen und Pilgerfahrten als Heilige verehrt wurden – und immer noch verehrt werden.

Wüstenstraße bei Siwa, der – nahe der ägyptisch-libyschen Grenze gelegenen – nordwestlichsten Oase des Landes. Im ariden Klima der Region ist die Verdunstung größer als die Niederschlagsmenge.

Kalksteinskulptur in der White Desert bei Farafra, der kleinsten von vier Oasen im »Neuen Tal« in der Westlichen Wüste und schon in pharaonischer Zeit ein wichtiger Rastplatz für Karawanen.

WESTLICHE WÜSTE UND OASEN

Kharga, Dakhla, Farafra, Baharija und Siwa: Die im Westen des Landes, zwischen Nil und der Grenze zu Libyen gelegenen Oasen erscheinen als Inseln nicht nur im schier endlosen Sandmeer, sondern auch in der Zeit. Diese Außenposten der ägyptischen Zivilisation sind zwar zum Teil seit kurzem auch für Zivilpersonen über den Luftweg erreichbar. Dennoch hat man den Eindruck, dass hier bis heute die Uhren anders, gemächlicher gehen: kein Stress, nirgends. Gerade deshalb gelten diese Oasen auch als Geheimtipps.

Wie die Oase selbst heißt auch ihr Hauptort Siwa. Einen ganz eigenen Charme verströmt dessen Altstadtbereich Shali (großes Bild: am Marktplatz; oben rechts: Blick von außen auf die Ruinen der alten Lehmhäuser). Oben links: Die Reste des Amun-Tempels erinnern an das Orakel.

Siwa

Mehr als 500 Kilometer westlich des Nils und 300 Kilometer südlich von Marsa Matruh liegt die Oase Siwa. Vor 2700 Jahren, als Rom noch ein Dorf und Homers »Odyssee« gerade geschrieben war, genoss sie schon im gesamten Mittelmeerraum Ruhm als Heimat des Orakels des Reichsgottes Amun-Re. Im Jahr 331 v. Chr. ging sie durch den Aufenthalt Alexanders des Großen, dem das Orakel hier seine Herrschaft über Ägypten bestätigt haben soll, in die Weltgeschichte ein. Im 6. Jahrhundert v. Chr. wurde dem persischen Herrscher Kambyses von Priestern Tod und Verderben geweissagt, worauf er seine Armee in die Westliche Wüste schickte, um alles Leben in der Oase Siwa zu vernichten. Dort aber kamen die Angreifer in einem Sandsturm um, bevor sie Unheil anrichten konnten – seither glauben die Oasenbewohner, unter dem besonderen Schutz von Amun-Re zu stehen.

Schmale Gassen mit traditionellen Lehmhäusern kennzeichnen die Altstadt von El Qasr (großes Bild) in der Oase Dakhla. Bei der Oase Baharija entdeckte man in einer unterirdischen Nekropole mit Blattgold verzierte Totenmasken und Wandmalereien (oben und linke Seite).

Dakhla, Farafra und Baharija

Die Oase Dakhla diente schon den Römern als Kornkammer und gleicht abseits des Hauptortes Mut bis heute einer Märchenidylle. Als eine der schönsten ihrer insgesamt 14 Siedlungen gilt neben Balad – dem »Dorf aus Lehm« – El Qasr (»die Zitadelle«) mit ihren engen, palmwedelgedeckten Gassen. Für ihre ausgedehnten Gärten und Dattelhaine bekannt ist auch Baharija. Ungefähr auf halbem Weg zwischen hier und Dakhla bietet Farafra als kleinste Oase eine ruinöse Lehmburg und stimmungsvolle, fächerförmig rund um den Dorfhügel angelegte Palmgärten. Als Reiseziel von Bedeutung ist der Ort vor allem als Ausgangspunkt für Fahrten in die nördlich gelegene White Desert: Diese »Weiße Wüste« ist eine Traumlandschaft, übersät von schneeweißen, wie von Riesenhänden surrealistischer Künstler geschaffenen, tatsächlich aber vom Wind erodierten Kalkformationen.

Farben und Formen sind in der Wüste in stetem Wandel begriffen – ein schönes Gleichnis für die schmerzliche Wahrheit der Vergänglichkeit und die tröstende Schönheit des Neubeginns. So war auch für Antoine de Saint-Exupéry die Wüste »die schönste und traurigste Landschaft der Welt«. Großes Bild: bei der Oase Siwa. Alle übrigen Bilder: White Desert bei der Oase Farafra.

FARBEN UND FORMEN DER WÜSTE

Unterwegs auf den schier endlosen schmalen Straßen zwischen den westlichen Oasen erfährt man, was die viel strapazierte Metapher von der Wüste als Sandmeer wirklich bedeutet. Rund 200 Kilometer breit und etwa 600 Kilometer lang ist die Dünenbarriere, die sich von der Qattara-Senke bis in das Dreiländereck von Libyen, Ägypten und dem Sudan erstreckt – in jene Gegend zwischen Djebel Uwaynat und dem Plateau von Gilf Kebir, wo sich in den 1930er-Jahren der inzwischen auch zu cineastischen Ehren gelangte Englische Patient alias Graf Ladislaus von Almásy auf seinen Expeditionen tummelte. Irgendwo hinter diesem endlosen Horizont im Westen verschwand vor 2500 Jahren spurlos eine 50 000 Mann starke Armee, die auf Befehl des Perserkönigs Kambyses die Oase Siwa hätte zerstören sollen und nach deren Resten unverbesserliche Abenteurer gelegentlich noch heute vergebens suchen.

Zu den beeindruckendsten Szenerien gehören die pilzförmigen (und deshalb auch als »Mushrooms« bekannten) Kalksteinformationen in der White Desert – eine pittoreske Laune der Natur, die bei Tag und Nacht in den verschiedensten Farben leuchtet. Bei aller Anmut der Landschaft sollte aber auch nicht vergessen werden, dass der allgegenwärtige Sand stets eine latente Bedrohung für Baudenkmäler und Felder ist.

Malerisch in einem Palmenhain gelegen, war der Hibis-Tempel einst dem göttlichen Amun-Re geweiht (unten). Oben: In den Sanddünen zwischen den Oasen Kharga (rechts: im Altstadtbezirk) und Dakhla verliert sich die Spur des Menschen sofort (links: die Nekropole El-Bagawat).

Kharga

Mit mehr als 60 000 Einwohnern ist diese südlichste der Oasen in der Westlichen Wüste zugleich deren größte. Noch im späten 19. Jahrhundert war sie eine wichtige Station auf dem Darb el-Arbain, dem »Karawanenweg der 40 Tage« zwischen dem Sudan und dem Nil. Heute ist sie Verwaltungszentrum der Provinz »New Valley« und umfasst etliche eigenständige Orte, darunter Qasr Kharga, Bulaq und Baris. Circa 30 000 Hektar der Oase werden agrarisch genutzt – eine Meisterleistung, wenn man bedenkt, dass Kharga als einer der heißesten Orte der Erde gilt, an dem das Quecksilber bis auf 54 Grad im Schatten klettern kann und die Sonne jährlich fast 4400 Stunden scheint. Das am besten erhaltene antike Heiligtum ist der in persischer Zeit, um 500 v. Chr., entstandene Hibis-Tempel; sehenswert zudem die frühchristliche Nekropole von El-Bagawat.

»Bauchtanz ist in erster Linie eine harmonische Ehe aus Musik und Körper«, meint »Lucy«, eine der bekanntesten Tänzerinnen Ägyptens. Die Tradition reicht zurück bis in die pharaonische Zeit (oben Mitte eine um 1390 v. Chr. entstandene Darstellung). Die Kostüme werden mit Münzen verziert.

BAUCHTANZ: SUBTILES GEBET AN DEN GOTT EROS

Auf der sittenstrengen Arabischen Halbinsel sind sie selten anzutreffen. In der lebenslustigeren Levante jedoch, den Ländern des Maghreb und vor allem auch in Ägypten, zählen sie vielerorts zum Standardrepertoire abendlicher Unterhaltung: jene Damen, die vor Publikum und gegen Geld ihre Nabel kreisen lassen. In vielen Gräbern der alten Ägypter fanden sich Zeichnungen, auf denen Frauen – in der Regel nackt – vor Männern tanzten. Heute sind die erotischen Zonen selbstverständlich züchtig bedeckt. Und die Zuseherschaft besteht nicht selten aus bunt gemischten, gut betuchten Hochzeitsgesellschaften. Die Theologen der Al-Azhar verdammen den Bauchtanz als »haram« – als verderblich für Sitte und Moral. Gleichwohl ist Kairo (neben Istanbul) für ihn, was New York für den Jazz ist: seine Hauptstadt. Für Laien mag die Körpersprache recht exaltiert und plakativ wirken – zumal, wenn sie einer Vorstellung in den Lokalen an der Pyramidenstraße, Kairos Reeperbahn, beiwohnen. Fans betrachten den Bauchtanz jedoch als sublimes Gebet an den Gott Eros, als traditionsreiche Kunst voll Raffinement, bei der nicht nur Hüften und Stimmung, sondern auch die Fantasie in Schwung kommen. Samia Gamal war 30 Jahre lang die bekannteste Bauchtänzerin Ägyptens. Tänzerinnen wie Lucy, Dina und Fifi Abdu gelten als ihre »Enkelinnen«.

Sonnenuntergang am Nil zwischen Dendera und Luxor: Auf seinem Weg durch die Libysche und Nubische Wüste hat der Strom ein etwa 20 Kilometer breites, bis zu 300 Meter tiefes Kastental ausgewaschen.

Auch auf den feinen Reliefbildern im – nach ihr benannten – Tempel von Dendera erkennt man Hathor, die Göttin der Liebe, an den Kuhhörnern auf ihrem Haupt, zwischen denen eine Sonnenscheibe steht.

ZWISCHEN FAIJÛM UND LUXOR

Der circa 500 Kilometer lange Abschnitt des Niltales zwischen Faijûm und Luxor steht im Schatten der weltberühmten Sehenswürdigkeiten Oberägyptens. Das mag an den politischen Konflikten zwischen der koptischen Bevölkerung und radikal-islamischen Kräften liegen, die sich hier nicht selten gewaltsam Bahn brechen. Gewiss gibt es hier auch weniger hochkarätige Baudenkmäler als weiter südlich. Doch der Besuch etwa der Tempel von Dendera und Abydos oder des Gräberfelds von Beni Hassan ist sehr zu empfehlen.

Blick über das Niltal bei El-Minia (großes Bild). Oben rechts: die riesige Kuppelgräberstadt südlich von El-Minia. Oben links und linke Seite: Mit ihren schönen Wandmalereien gehört die Nekropole Beni Hassan zu den bedeutendsten archäologischen Fundstätten in Mittelägypten.

El-Minia, Beni Hassan

Die rund 250 Kilometer südlich von Kairo gelegene Provinzhauptstadt El-Minia eignet sich gut als Basisstation zur Besichtigung der Sehenswürdigkeiten Mittelägyptens. Hauptattraktion ist die weitere 20 Kilometer südlich gelegene Nekropole von Beni Hassan. Sie umfasst 39 Felsgräber von Gaufürsten aus dem Mittleren Reich. Einige davon zeigen wunderschöne Wandbilder mit Alltagsszenen, unter anderem auch von sportlichen Aktivitäten. Doch auch die Universitäts- und Bischofsstadt El-Minia selbst hat ihre Reize: Die gepflegte, schattige Nilpromenade und der lebhafte Basar laden zum Flanieren ein, die verstaubten Villen aus der Zeit des Baumwollbooms zum Schauen. Drei Kilometer südlich und über die Nilbrücke erreichbar ist die von Moslems und Christen benutzte Kuppelgräberstadt nahe dem Dorf Sauiet el-Maitin: immerhin die größte Nekropole des Landes.

Leben am Nil (unten). Oben links und Mitte: Bis zum Bau des Staudamms bei Assuan dienten »Nilometer« – offene, über Kanäle mit dem Nil verbundene Schächte mit einer Pegelsäule in der Mitte – zur Messung des Wasserstands. Oben rechts: »Tarbut« heißt das Holzschöpfrad der Felachen.

MENSCH, NIL UND ACKERLAND: EINE FRUCHTBARE SYMBIOSE

Die Geschicke Ägyptens und seiner Bewohner waren von Anbeginn an – und bleiben auf ewig – untrennbar mit dem Nil verknüpft. Die Entwicklung der so spezifischen ägyptischen Kultur wäre ohne ihn undenkbar. So führte etwa die Notwendigkeit, das Wasser des Stroms je nach Saison und Bedarf umzuleiten und zu stauen, schon in frühpharaonischer Zeit zur Entfaltung von Landvermessung, Kanalbau und Bewässerungswesen. Um die »Gezeiten« des Flusses vorausbestimmen zu können, suchte und fand man am Firmament das ewige Kalendarium. Da die Flut alljährlich viele Ackergrenzen wegspülte, mussten die Parzellen jeweils neu vermessen und in Grundbücher eingetragen werden. Jedes Jahr brachte neuen Streit und in der Folge jedem Untertanen die Pflicht in Erinnerung, sich dem Richterspruch und somit der Obrigkeit wie dem Gesetz zu fügen. So entstand unter dem Einfluss des Nils in Ägypten das – neben Babylonien – älteste geordnete Staatswesen der Menschheit. Später dann, im Alten Reich, nutzten die Menschen den Nil als Transportweg für den Granit aus Assuan und für sich selbst. Er veranlasste sie zum Bau jener kunstreichen, schwimmenden Segelboote und Zeremonialbarken, die mit ihren Steuern und Rudern, Spanten, Masten und Kajüten späteren Schiffsbauern Modell standen.

Traditionell leben viele Kopten in Assiût. Unten und rechte Seite: Dort in der Markuskirche soll es Marienerscheinungen gegeben haben. Oben: Abweichend von der ägyptischen Kunsttradition zeigt der mit den Funden in Tell el-Amârna verbundene Stil eine expressive Körperlichkeit.

Assiût, Tell el-Amârna

Nach seinem Bruch mit der Priesterschaft Thebens gründete Amenophis IV. Mitte des 14. Jahrhunderts auf halbem Weg zwischen den heutigen Städten El-Minia und Assiût – rund 15 Kilometer südöstlich von Mallawi – eine neue Hauptstadt: Tell el-Amârna. Echnaton, wie sich der Herrscher nun nannte, hatte Aton, den altägyptischen Sonnengott, zum alleinigen Gott erhoben und war so zum Vorläufer späterer monotheistischer Religionsgründer geworden. Die neue Glaubensrichtung geriet infolge der raschen Rückkehr des Nachfolgers Tutanchamun in das frühere Reichszentrum Theben ebenso rasch wieder in Vergessenheit wie seine prächtige Residenz. Erhalten blieben bedeutende Felsengräber mit realistischen Darstellungen im »Amarna-Stil«. Im nahen Assiût erinnern entlang Nil-Corniche und Ibrahimiya-Kanal schmucke Villen an den vor 100 Jahren boomenden Baumwollhandel.

Unten: Grabanlagen, Totentempel und Gedenksteine künden in Abydos, dem Hauptkultort des Gottes Osiris, vom Glauben an ein Leben nach dem Tod. Oben: Die Tempelanlage von Dendera war die wichtigste Kultstätte der Göttin Hathor. Auch ihr göttlicher Gemahl Horus wurde hier verehrt.

Abydos, Dendera

Rund 150 Kilometer nördlich von Luxor erhebt sich am westlichen Nilufer der Tempel von Dendera (Dandarah). Dieses jüngste der großen pharaonischen Heiligtümer ist Hathor, der Göttin der Liebe, geweiht. Vierundzwanzig Riesensäulen stützen eine einzigartige Steindecke mit gewaltigen Architraven. Allein das auf ihnen gemalte Kaleidoskop astronomischer Bilder verdient, in aller Ausführlichkeit studiert zu werden. Prachtvolle Reliefs in den inneren Sälen und die Kopie der berühmten Tierkreisscheibe in der Dachkapelle lohnen ebenfalls einen Besuch. Noch reicher ist die künstlerische Ausstattung der Anlage von Abydos (El-Âmirah), rund 50 Kilometer südöstlich von Dendera: Osiris, der Herrscher über das Totenreich, soll hier bestattet sein. Wände, Decken und Säulen des verschachtelten Haupttempels sind mit über 600 großflächigen Darstellungen geschmückt.

Das Vollmond- oder Friedensfest in der Oase Siwa (großes Bild: beim Umzug) dauert drei Tage lang. Unten links: Wecken vor dem Ramadan – der neunte Monat des islamischen Mondkalenders ist der Fastenmonat. Oben: Im Lauf des Mondes vergeht das (islamische) Jahr …

IM LAUF DES MONDES: ZEITRECHNUNG UND FESTE

Der islamische Kalender folgt dem Lauf des Mondes. Sein Jahr besteht aus zwölf Monaten zu abwechselnd 29 oder 30 Tagen. Dementsprechend erhöht sich der Unterschied zum westlichen, gregorianischen Kalender alljährlich um elf Tage. Und die Feiertage durchlaufen in 33 Jahren sämtliche Jahreszeiten. Die Zeitrechnung beginnt in der islamischen Welt mit dem ersten Muharram – dem 15./16. Juli 622, als Mohammed mit seinen Anhängern von Mekka nach Medina auswanderte. Sie bildete lange Zeit die Grundlage zur Berechnung sämtlicher Datierungen, wurde mittlerweile jedoch im Alltag, speziell im Wirtschaftsleben, durch den westlichen Kalender ersetzt.

Zwei kanonische Feste kennt das muslimische Jahr: das des Fastenbrechens (arabisch: id al-fitr) und das Opferfest (id al-adha). Ersteres gilt dem freudigen Dank an Gott für seine Unterstützung während der Mühsal der Enthaltsamkeit. Nach dem gemeinsamen Gebet besucht man – neu eingekleidet – Freunde, Bekannte und (auf dem Friedhof) verstorbene Angehörige. Man tauscht Geschenke, regelt alte Zwistigkeiten und spendet Bedürftigen Almosen.

Im Zentrum des ebenfalls dreitägigen id al-adha steht, neben intensiven Gebeten, die Schlachtung eines Tieres, mit der man wie seinerzeit Abraham die Opferbereitschaft aus Gottesliebe bezeugt.

In der Antike verband eine beidseitig von Widdersphingen (Löwenkörper mit Widderköpfen) gesäumte Straße den Karnak-Tempel mit dem knapp drei Kilometer entfernten Luxor-Tempel.

»Meet you at the Terrace«: Kein Ort scheint besser geeignet zu sein, den Tag stilvoll ausklingen zu lassen, als die Terrasse des Cataract-Hotels in Assuan mit ihrem herrlichen Blick auf den Nil.

OBERÄGYPTEN

Eine Kreuzfahrt auf dem oberägyptischen Nil offenbart eine betörend idyllische und – auch wenn sich zwischen Luxor und Assuan in der Hochsaion die Schiffe drängen – beständige Welt: plantschende Kinder und über ihre Wäsche gebeugte Frauen säumen die Ufer; Wasserbüffel, Ibisse, hie und da ein Kamel, Sanddünen und Felswände, sattgrüne Zuckerrohrfelder und Dattelpalmhaine, Lehmdörfer mit strohbedeckten Dächern sowie immer wieder imponierende Grabbauten und Tempel bilden die Kulisse für überaus malerische Tableaus.

Den Eingangsbereich der Tempelanlage von Luxor schmückt heute nur noch ein Obelisk – der zweite wurde 1836 nach Paris verfrachtet. Im 13. Jahrhundert v. Chr. ließ Ramses II. den Komplex um einen riesigen Eingangsturm (Pylon) erweitern; die Statuen davor zeigen den Pharao.

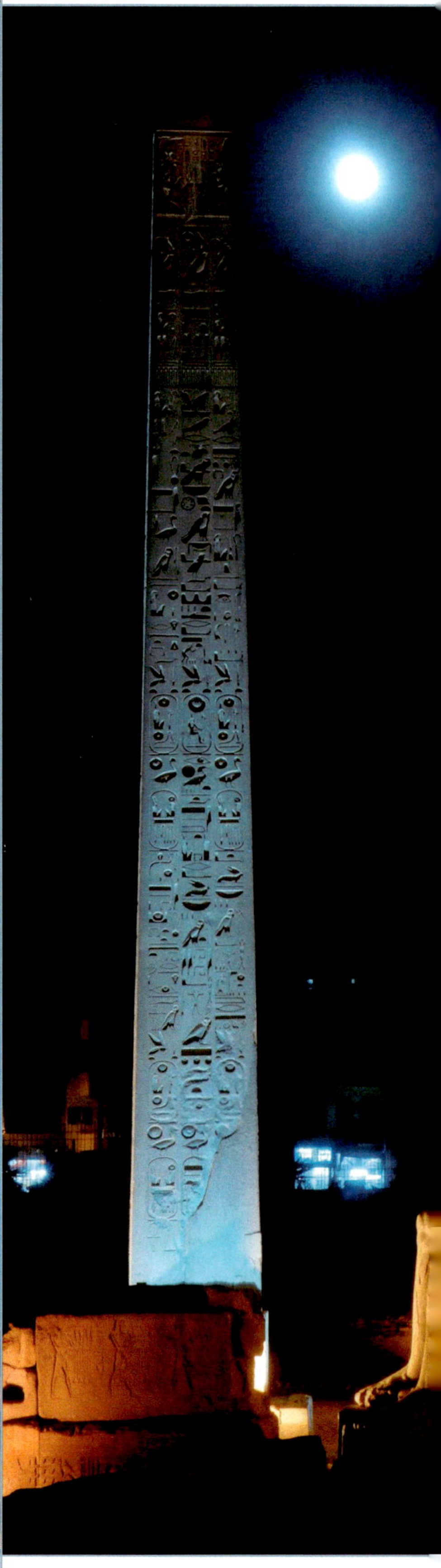

Luxor

Das etwa 200 000 Einwohner zählende Städtchen Luxor am Ostufer des Nils bildet gemeinsam mit der Tempelstadt von Karnak und der Totenstadt Theben am gegenüberliegenden Ufer einen Brennpunkt der altägyptischen Kultur und heute den Hauptanziehungspunkt auf jeder Reise nach Oberägypten. Den Grundstein zur zentralen Tempelanlage, die sich inmitten des Stadtgebiets direkt an der Corniche erhebt, legte um das Jahr 1380 v. Chr. Amenophis III. Als Sinnbild für die Macht des Neuen Reiches wurde sie der thebanischen Dreieinigkeit Amun, Mut und Chons geweiht. Bis heute bietet sie auf einer Länge von 260 Metern geradezu eine Orgie aus Kolossalstatuen und Obelisken, Pylonen und Papyrussäulen. Die beweglichen Funde von hier und den anderen Grabungsorten finden sich – überaus exquisit – im örtlichen Museum präsentiert.

Swimmingpool mit Pyramidenblick: Das Mena House in Kairo (unten) wurde zur Einweihung des Suezkanals 1869 erbaut. 1887 eröffnete das Winter Palace in Luxor (oben links). Im – 1899 eröffneten – Old Cataract in Assuan (oben Mitte, rechts) wurde schon Agatha Christie Tee serviert.

HOTELLEGENDEN: WINTER PALACE, OLD CATARACT & CO.

Ein Sonnenuntergang mit einem Glas Campari, einer Tasse Darjeeling oder Karkadé, dem köstlichen Hagebuttentee, auf der Terrasse des Hotels Winter Palace in Luxor oder an dessen Pool hinten im Park gehört zu den unvergesslichen Momenten jeder Nilreise. Gleiches gilt für das Old Cataract in Assuan, in dessen Suiten sich schon Lawrence von Arabien von seinen wüsten Ritten erholte und Agatha Christie ihren Roman »Der Tod auf dem Nil« (1937) in die Tasten hieb. Die beiden Hotellegenden waren zu Zeiten Nassers gehörig heruntergekommen, wurden danach jedoch für viel Geld auf Hochglanz renoviert. Seitdem beschwören sie wieder jenes mondäne Flair und bieten jenen vollendeten Komfort, mittels derer um 1900 der Reisebüro-Pionier Thomas Cook den allfälligen »Kulturschock« seiner betuchten Klientel, unterwegs auf der klassischen »Grand Tour«, linderte. Auch in den Metropolen haben sich noch ein paar solch mondäne Inseln im Strom der Zeit erhalten: In Kairo ist zwar das berühmte Shepheard's, in dessen Salons sich einst tout Caire beim Afternoon Tea ein Stelldichein gab, längst demoliert. Doch im Mena House zum Beispiel – draußen, zu Füßen der Pyramiden – und auch im Hotel Cecil in Alexandria spürt man zwischen dem vielen Stuck, Mahagoni und Bleikristall noch etwas von dem alten, kolonialen Geist.

Im alten Ägypten galt ein Tempel als Abbild der Welt – seine Säulen trugen symbolisch das Himmelszelt. Das selbst vom König nur unter Einhaltung strenger Reinheitsgebote zu betretende Allerheiligste lag im Dunklen verborgen (unten die Säulenhalle, in Karnak, oben eine Gesamtansicht).

Karnak-Tempel

Die nördlich des Stadtkerns von Luxor gelegene Tempelanlage von Karnak war über viele Jahrhunderte das zentrale Heiligtum des Landes. Amun geweiht – dem »Verborgenen«, der bereits in den Pyramidentexten des Alten Reiches als Urgott Erwähnung fand, jedoch erst um das Jahr 2000 v. Chr. als Amun-Re zum thebanischen Reichsgott aufstieg –, hatte die Anlage ursprünglich zehn Eingangstore, sogenannte Pylone. Der Haupteingang zum Ruinengelände von heute führt durch eine Allee von Widdersphingen. Von hier bis zur über einen Kilometer entfernten Kultstätte der Mut folgt ein Superlativ dem anderen: der höchste Obelisk (30 Meter hoch, 323 Tonnen schwer), der mächtigste Säulensaal (134 steingewordene Dolden und Papyrusstauden mit jeweils bis zu zehn Meter Umfang) und der größte Pylon (113 Meter breit, 43 Meter hoch und 15 Meter dick).

Ramses II. als Kolossalstatue in Memphis, als erhabener Wächter vor dem alten Haupteingang in Luxor und auf seinem Sarkophag (unten von links), der seine – heute im Ägyptischen Museum in Kairo aufbewahrte – Mumie (oben) bedeckte, als sie 1881 in Deir el-Bahari gefunden wurde.

RAMSES II.: DER »PHARAO DER PHARAONEN«

Er hatte ein halbes Dutzend Hauptfrauen, zeugte 92 Söhne sowie 106 Töchter und starb, nachdem er 67 Jahre lang – von 1301 bis 1234 v. Chr. – regiert hatte, fast hundertjährig: Bei Ramses II., dem Sohn Sethos' I., war alles ins Gigantische übersteigert. Seinen Sieg in der Schlacht bei Kadesch über die Hethiter ließ er durch einen der längsten Texte der altägyptischen Literatur feiern. Seine Kartuschen finden sich – von der Delta-Stadt Tanis über Memphis und Luxor bis nach Nubien – an den Wänden einer Vielzahl von Kolossalbauten eingemeißelt. Welches Charisma dieser Herrscher der 19. Dynastie noch 3200 Jahre nach seinem Tod besitzt, zeigen zwei Anekdoten: Als man seine Mumie gegen Ende des 19. Jahrhunderts – nachdem sie in einem Grabräuberversteck in Theben-West wieder entdeckt worden war – per Schiff nach Kairo verfrachtete, säumten Abertausende Fellachen wehklagend und sich verbeugend das Nilufer, um so ihrem alten Herrscher die Reverenz zu erweisen. Und als man die Mumie im Jahr 1976, von Mikroben und Käferlarven halb zernagt, zur fachmännischen Instandsetzung an das Pariser Musée de l'Homme sandte, empfingen die traditionsbewussten Franzosen – wohl wissend, was sich gehört – den Pharao am Flughafen Charles de Gaulle mit Salutschüssen und allen militärischen Ehren.

Hatschepsut (unten und ganz unten links ihr Terrassentempel in Theben-West) war der einzige weibliche Pharao des alten Ägypten. Oben links: Die beiden Memnonkolosse sind das Wahrzeichen von Theben-West. Oben rechts: im Totentempel von Ramses III. (Medinet Habu).

Theben-West

Das östliche Nilufer war in pharaonischer Zeit das Ufer des Lebens. Hier, im hunderttürmigen Theben, wie der Ort bei den Griechen hieß, hatten die Menschen ihre Siedlungen. Hier standen auch die Herrscherpaläste und monumentalen Tempel. Das jenseitige Ufer hingegen gehörte den Verstorbenen. Dort, in Theben-West, errichtete man die großen Totenheiligtümer und Nekropolen. Aus der Vielzahl an Tempeln ragen jene von Ramses II. (das Ramesseum), von Ramses III. (Medinet Habu) und von Königin Hatschepsut (Deir el-Bahri) hervor. Letzterer zählt mit seinen majestätischen Rampen und den drei von Säulenreihen gesäumten Terrassen vor der Kulisse der 300 Meter hohen Felswand zu den Top-Attraktionen Oberägyptens. Zur Anfahrt gehört übrigens ein Stopp bei den beiden Memnonkolossen – zwei knapp 18 Meter hohe, auf Befehl Amenophis' III. errichtete Sitzstatuen.

Im Grab Nr. 62 im Tal der Könige ruht Tutanchamun in einem Sarkophag aus rotem Quarzit (unten). Der Goldthron aus dem Grabschatz des Tutanchamun (rechte Seite) zeigt den jungen Pharao mit seiner Gemahlin. Oben: »Platz der Wahrheiten« wurde das Tal der Könige einst genannt.

Tal der Könige

Im Tal der Könige entdeckte der britische Archäologe Howard Carter im Jahr 1922 den legendären Schatz Tutanchamuns. Über 60 pharaonische Ruhestätten haben Forscher in dem schattenlosen, felsigen Talschluss am Nordrand von Theben-West bisher freigelegt. Doch nur ein knappes Drittel ist für Laien zugänglich. Mit einem Ticket darf man drei Gräber besichtigen. In ihrem Innern kommt man aus dem Staunen nicht heraus: Die Wände sind übersät mit fantastischen Reliefs – zum Teil in erstaunlich gut erhaltenen Farben. Messungen sollen ergeben haben, dass die Besuchermassen zur Hochsaison in einer Kammer an einem Tag bis zu 27 Liter transpirieren. Kein Wunder, dass der Glanz der Fresken, auch wenn sie inzwischen größtenteils mit Glasplatten geschützt sind, rapide verblasst – und dass die Behörden Regeln für die Besichtigung erlassen mussten.

Die Zeiten mögen sich seit Howard Carters Entdeckung des Grabs von Tutanchamun (oben) geändert haben, die Freude über neue Funde bleibt unverändert groß – ob in Abydos (unten und rechte Seite Mitte), in Dakhla (rechte Seite oben) oder im Hafen von Alexandria (rechts unten).

ZEITENSPRUNG: ARCHÄOLOGIE EINST UND HEUTE

Computertomograph und Cäsio-Magnetometer, Satellitenkamera, Laptop und Elektronenmikroskop – die Archäologie ist längst im Hightech-Zeitalter gelandet. Um Gestein und Gewebe zu datieren, Gebäude zeichnerisch zu rekonstruieren oder unterirdische Stadtstrukturen aufzuspüren, bedienen sich Experten heute Methoden, die ihre Vorgänger noch vor zwei, drei Generationen nicht einmal erahnten. Lichtjahre entfernt scheinen jene Pionierzeiten der Ägyptologie, als ein Bernardino Drovetti oder ein Giovanni Battista Belzoni berserkerhaft plünderten und Statuen, Obelisken, Reliefs und Grabbeigaben schiffsweise außer Landes schafften; oder als ein Johann Ludwig Burckhardt das unter Sand halb verschüttete Abu Simbel entdeckte, mit seinen unzureichenden Gerätschaften aber vergeblich auszugraben suchte. Selbst ein Howard Carter, der Entdecker des Grabes von Tutanchamun, würde wohl seinen Augen nicht trauen, sähe er, wie detailliert etwa Zawi Hawass zu Füßen der Pyramiden von Gizeh heute die Siedlung der Arbeiter aufspürt; wie Frank Goddio im Hafen Alexandrias die Relikte ptolemäischer Paläste vom Meeresboden barg; oder mit welch futuristischen Methoden Kent Week im Tal der Könige die Grabanlage von Ramses II. und seinen Söhnen fand, die bislang größte pharaonische Totenstätte.

Wer in das Innere des – dem Sonnengott Horus geweihten – Tempels in Edfu will, muss am streng blickenden Horus (rechte Seite) in Gestalt eines Falken vorbei. Oben links: Nur die Vorhalle des Chnum-Tempels von Esna blieb erhalten. Oben rechts: der Doppeltempel von Kom Ombo.

Esna, Edfu, Kom Ombo

Die drei großen Tempelanlagen zwischen Luxor und Assuan besichtigt man am bequemsten von Bord eines Kreuzfahrtschiffes aus. Erste Station ist das Städtchen Esna mit seinem Tempel aus ptolemäischer Zeit. Er blieb unvollendet und ist dem Chnum geweiht – jenem widderköpfigen Wesen, das den Menschen angeblich aus Nilschlamm auf seiner Töpferscheibe geformt hat. Zu sehen ist eine Vorhalle mit 24 Säulen, an deren Wänden römische Kaiser im Stil der Pharaonen verewigt sind. Der Horus-Tempel von Edfu steht noch exakt so erhalten da, wie ihn vor 2300 Jahren die Ptolemäer schufen. Eine architektonische Besonderheit bildet der ebenfalls ptolemäische Doppeltempel von Kom Ombo: Er ist – in der Längsachse streng symmetrisch gegliedert – zur einen Hälfte dem falkenköpfigen Haroeris, zur anderen dem Krokodilgott Sobek geweiht.

Hinter den Staumauern entwickelte sich Assuan zu einem der wichtigsten Industriezentren des Landes – und zu einer quicklebendigen Stadt, deren Märkte (oben rechts, rechte Seite) auch viel von Fellachen (unten) aus dem Umland frequentiert werden. Oben links: im Nubischen Museum.

Assuan (1)

Endpunkt einer jeden Schifffahrt in den Süden, ja die letzte große Siedlung des Landes überhaupt, ist Assuan. Die inzwischen weit über eine halbe Million Einwohner zählende Stadt war im Altertum das Tor zum Inneren Afrikas und ein wichtiges Handelszentrum. Hier endeten die Karawanenstraßen aus Nubien und begannen die alten Ägypter ihre Kriegszüge in den tiefen Süden. Der Name der Stadt lautete einst Jebu, Elefantenland. Eine Theorie besagt, er rühre daher, dass die Ägypter hier erstmals den Dickhäutern aus dem Süden begegneten; eine andere, sie stamme von dem Elfenbein, das man hier, von wo der Nil durchgehend bis zum Mittelmeer schiffbar ist, dereinst umschlug. Einen faszinierenden Überblick auf die 7000 Jahre alte Zivilisation der südlich angrenzenden Region Nubien eröffnet das didaktisch sehr ansprechend gestaltete Nubische Museum.

Unten: Eine Granitschwelle durchschneidet das Flusstal und prägt die Landschaft bei Assuan, der südlichsten Stadt Ägyptens. Oben: Wassertransport am Nilufer. Rechte Seite unten: Tempel der Isis von Philae. Hier soll Isis dereinst das Herz ihres Mannes Osiris gefunden haben.

Assuan (2)

Mit das Schönste an Assuan sind die Spazierfahrten am späteren Nachmittag auf einer der großsegeligen Feluken durch die Inselwelt des Katarakts. Die Hitze des Tages ist gebrochen, das Licht weich. Der Sand der Dünen gerinnt zu goldenem Honig. Der Schiffsjunge hat süßen Tee gekocht … Gelegentlich geht man an Land – auf Kitchener Island etwa, um durch den Botanischen Garten zu flanieren, und im Anschluss erklimmt man das steile Westufer, um die Felsgräber der Gaufürsten, die Ruinen des Simeonsklosters sowie – ebenfalls hoch über dem Fluss – das Mausoleum des Aga Khan zu besichtigen. Natürlich stattet man auch dem so zauberhaft auf der Insel Agilkia gelegenen Isis-Heiligtum von Philae mitsamt dem Trajans-Kiosk und ein paar Kilometer weiter dem Kalabsha-Tempel einen Besuch ab, die beide vor den Fluten des Assuan-Hochdamms gerettet wurden.

Unten: im nubischen Dorf auf der Nilinsel Elephantine. Oben: Rund 165 Milliarden Kubikmeter Wasser fasst der – nach dem ehemaligen ägyptischen Präsidenten benannte – Nasserstausee. An seinem Westende erinnert ein Denkmal an die ägyptisch-russische Freundschaft (oben Mitte).

Nasserstausee (Assuan-Hochdamm), Elephantine

Die durch Granitfelsen gebildete Engführung des Nils prädestinierte Assuan als Standort von Staudämmen. 1898 bis 1912 errichteten die Briten unweit der Stadt die damals größte Talsperre der Welt. Um 1960 entschlossen sich die Ägypter, ein Stück weiter südlich ihre Lebensader ein weiteres Mal und ungleich massiver zu stauen: 110 Meter hoch erhebt sich der 3,6 Kilometer lange, 1971 fertig gestellte Sadd el Ali. Bei seinem Bau wurde ein Aushub von etwa dem zehnfachen Volumen der Cheopspyramide bewegt. Rund 120 000 Nubier mussten im Zuge der Bauarbeiten umgesiedelt werden. Heute kann man den Nachfahren der »schwarzen Pharaonen« unter anderem auf der Nilinsel Elephantine begegnen, wo in zwei nubischen Dörfern die Zeit stehen geblieben zu sein scheint. An der Ostseite der Insel Elephantine lohnt zudem eine Besichtigung des antiken Nilometers.

Thot, der Gott der Weisheit, soll die Hieroglyphen (griechisch: heilige Schriftzeichen) geschaffen haben – trotz ihrer »Bildhaftigkeit« (oben) keine Bild-, sondern eine Wortlautschrift, die die Merkmale von Laut- und Sinnschrift vereint. Mithilfe des Steins von Rosetta (ganz rechts oben) konnten auch Hieroglyphen wie die auf dem Mumienbehältnis aus der Oase Baharija oder im Karnak-Tempel (unten links/rechts) entziffert werden.

DIE ENTSCHLÜSSELUNG DER HIEROGLYPHEN

Es waren zwei Fügungen des Schicksals, wie sie nur sehr selten parallel vorkommen: Da findet im Jahr 1799 ein französischer Offizier in der Küstenstadt Rosetta einen Stein, auf dem in drei verschiedenen Schriften – griechisch, demiotisch und hieroglyphisch – ein Dekret eingraviert ist. Parallel wächst im fernen Südosten Frankreichs ein Junge mit unglaublichem Talent für alte Sprachen heran. Mit elf schon beherrschte Jean-François Champollion Latein, Griechisch und Hebräisch. Bald darauf lernt er Arabisch, Syrisch, Chaldäisch und Koptisch, wird mit 19 Geschichtsprofessor. Als er sich an die Entschlüsselung der kryptischen Zeichen der alten Ägypter macht, schlägt er einen gänzlich konträren Weg zu dem seiner Linguistenkollegen ein. Für ihn sind die Hieroglyphen keine Sinnbilder, sondern Buchstaben. Indem er die Texte auf dem Stein von Rosetta vergleicht, kann er eine dreisprachige Liste von Herrschernamen erstellen und daraus die Namen von Ramses und Thutmosis entziffern. Er erkennt: Was die Altvorderen seit der Zeit der Reichseinigung, also um 3000 v. Chr., mit Binse und Tinte auf Scherben, Papyrus oder Leder schrieben – beziehungsweise mit dem Meißel in Stein ritzten – entspricht sowohl phonetischen Zeichen, also Silben, als auch Ideogrammen, also Zeichen mit komplexer Bedeutung.

Der Große Tempel Ramses' II. wäre für immer im Nasserstausee versunken, hätte man ihn nicht in 20 Tonnen schwere Steinquader zersägt und erhöhten Orts wieder zusammengesetzt. Oben rechts: Tempelwächter mit dem Schlüssel in Form des »Anch«, des altägyptischen Zeichens für Leben.

Abu Simbel

Sie gehören mit Sicherheit zu den bleibendsten Eindrücken jeder Reise entlang des Nils: jene vier 20 Meter hohen Kolossalstatuen des Königs Ramses II., die dieser im 13. Jahrhundert v. Chr. am westlichen Nilufer zwischen Erstem und Zweitem Katarakt an der Stirnseite des Großen, Amun-Re und Re-Harachte geweihten Tempels aus dem Fels meißeln ließ. Kaum minder imposant: der »Kleine« Hathortempel mit je drei zehn Meter hohen Standbildern von Ramses II. und seiner Gemahlin Nefertari. Als die beiden Tempelgiganten im neu angelegten Nasserstausee zu versinken drohten, ließ die UNESCO sie in vierjähriger Arbeit auf einen weiter landeinwärts gelegenen, 60 Meter höheren Fels versetzen. Dabei wurden die Höhlentempel in über 1000 Einzelteile zersägt, nummeriert, mit Tiefladern an ihren neuen Standort transportiert und dort wieder zusammengesetzt.

Vor dem Bau des Suezkanals war der Timsah-See (unten: Fischer bei Ismailiya) eine sumpfige Lagune mit brackigem Wasser. Nun, da der Kanal durch den See fließt, hat sich das Bild deutlich verbessert.

Etwa 20 Kilometer nordwestlich von Nuweiba haben Regenfluten in Jahrtausenden den Coloured Canyon in den Sandstein geschnitten, der hier, je nach Lichteinfall, in den verschiedensten Rottönen leuchtet.

SINAI UND ROTES MEER

Der Sinai, dieses rund 60 000 Quadratkilometer große Scharnier zwischen Asien und Afrika, ist im Norden weitgehend gesichtslos und flach. Dort bildet er jene Region, über die von den Hyksos und Persern bis zu den Briten im Lauf der Geschichte fast alle Invasoren nach Ägypten einfielen. Gen Süden gewinnt die Szenerie stetig an Dramatik und gipfelt in der spektakulären, über 2600 Meter hohen Gebirgswelt rund um das Katharinenkloster. Hauptattraktion sind freilich die feinen Strände und faszinierenden Tauchreviere am Roten Meer.

Erst nach elfjähriger Bauzeit wurde der schleusenlose Suezkanal eröffnet. Auf dem Satellitenbild unten links sieht man dessen gesamten Verlauf, daneben liegen Logbuch und Seekarte für die Durchquerung bereit; rechts wird großen Containerschiffen (unten) der Weg »beleuchtet«.

Suezkanal

Die Halbinsel Sinai bildete vor rund 20 Millionen Jahren mit der Arabischen Halbinsel und Nordafrika ein zusammenhängendes Land. Tektonische Umschichtungen führten später zur Trennung der Landesteile, wobei beiderseits des Sinai langgestreckte Meeresbuchten entstanden. Die westliche, der Golf von Suez, ist gerade 95 Meter tief und nur durch eine 160 Kilometer breite Landbrücke vom Mittelmeer getrennt. Angeblich träumte schon Pharao Sesostris I. davon, hier einen Kanal zu errichten. Doch es blieb Europäern vorbehalten, in den 1860er-Jahren den Traum umzusetzen. Den Detailplan für das Kolossalprojekt lieferte der Österreicher Alois von Negrelli, die Bauleitung oblag dem Franzosen Ferdinand Lesseps. Die feierliche Eröffnung erfolgte nach mehreren – durch Epidemien, politische Querelen und Finanzierungskrisen bedingten – Pausen im Jahr 1869.

Den großen Hafen von Port Said (unten mit dem Gebäude der Hafenverwaltung) – zugleich die nördliche Einfahrt in den Suezkanal – schützen zwei mächtige Wellenbrecher, von denen einer weit ins Meer hinaus ragt. Oben von links: Ansichten von Ismailiya, Suez, Port Said.

Port Said, Ismailiya, Suez

Von den drei großen Städten an den Ufern des Suezkanals hat die an dessen südlichem Ende gelegene Stadt Suez im Sechstagekrieg 1967 gegen Israel am ärgsten gelitten. Zwar wurde sie in 1970er-Jahren wieder aufgebaut und hat mittlerweile über 400 000 Einwohner, doch von einem Besuch bleiben in erster Linie Fabrikschlote, Hafenkräne und Raffinerieanlagen im Gedächtnis. Auch für die Besichtigung von Port Said benötigt man nicht allzu viel Zeit. Deutlich mehr Charme verströmt das im Jahr 1863 als Basislager für den Kanalbau gegründete Ismailiya. Am Timsah-See gelegen, besitzt es zum einen noch ein gepflegtes Kolonialviertel mit schönen Villen, Parks und Alleen, zum anderen aber auch ein quirliges »orientalisches« Viertel. Wahrzeichen ist das im indoislamischen Stil errichtete Verwaltungsgebäude der Kanalbehörde am Hafen.

Eine Kirchentür im Antoniuskloster zeigt die beiden Heiligen (oben links: Antonius, rechts: Paulus), die sich in dieser Einöde niedergelassen hatten. Erst durch eine Vision soll Antonius klar geworden sein, dass es noch einen zweiten Eremiten in seiner Nähe gab, wo heute das Pauluskloster steht.

Antoniuskloster

Die nach dem heiligen Antonius benannte Abtei wurde gegen Ende des 4. Jahrhunderts gegründet und gilt als älteste Mönchsklause des Nillandes. Wie ein verwehtes Sandkorn und zugleich wie eine uneinnehmbare Festung wirkt der sechs Hektar große, stark befestigte Komplex mit seinen weithin sichtbaren Zwillingskirchtürmen in der extremen Abgeschiedenheit. Er umfasst unter anderem ein Gotteshaus aus der Gründerzeit, ein Refektorium aus dem 7. Jahrhundert sowie eine – für Besucher nicht zugängliche – kostbare Bibliothek. Auch die nahe, durch einen Gebirgszug vom Bruderkloster räumlich getrennte ehemalige Klause des Eremiten Paulus von Theben besitzt mehrere archaische Gotteshäuser und steht noch für den Geist jener Zeit, als die Menschen in der Wüste statt nuklearer Waffen ihre Seelen testeten und dabei Einblicke in andere Wirklichkeiten gewannen.

Unten: Unterwegs in die faszinierende Bergwelt mit dem Coloured Canyon als Höhepunkt (rechte Seite). Oben links: junge Beduinen bei Nuweiba. Oben Mitte: die Taba vorgelagerte Pharaoneninsel mit der Burg, die Saladin im 12. Jahrhundert errichten ließ. Oben rechts: Blick auf Dahab.

Dahab, Nuweiba, Taba

Die breite, bequeme Straße von Sharm el-Sheikh Richtung Nordosten führt durch eine Bergkulisse von schroffer Schönheit. Wie urzeitliche Riesendrachen drängen die Gipfel mit ihren hohen, gezackten Kämmen bis dicht ans Ufer. Der Küstensaum ist mit Ausnahme einzelner Schwemmlandkegel äußerst schmal. Vorgelagert liegt die strategisch bedeutsame Insel Tiran, die die Fahrrinne in den Golf von Aqaba, Richtung Eilat, auf wenige Kilometer verengt. Zentrum dieses Landstrichs ist Dahab. Über seinen Stränden und »Beduinencamps« liegt noch ein Hauch der 1970er-Jahre – von Woodstock, Hirtenflöten und Rasta-Locken, Batikkleidern und Psychedelik. Merklich steriler, dafür mit mehreren hochkarätigen Hotelkomplexen ausgestattet, sind sowohl der 80 Kilometer nördlich gelegene Badeort Nuweiba als auch Taba, der letzte Ort vor der ägyptisch-israelischen Grenze.

»… denn der Ort, auf dem du stehst, ist heiliges Land«: Hinter festungsartigen Mauern versteckt sich das Katharinenkloster, dessen heiligster Ort die im Jahr 1216 eingerichtete Kapelle des Brennenden Dornbusches ist. Sie bezeichnet jene Stelle, da Gott Moses rief und sich ihm offenbarte.

Katharinenkloster

Das Katharinenkloster duckt sich zwischen die steilen Felsflanken des Wadi Araba – jenes 1500 Meter hoch gelegenen Tals, in dem angeblich die Israeliten einst um das Goldene Kalb tanzten. Mit seiner Fläche von 84 mal 74 Meter gilt es als kleinste Diözese der Welt – und als eines der ältesten Klöster der Christenheit. Seine Geschichte reicht bis zum Jahr 330 zurück. Damals sollen die byzantinische Kaiserin Helena und ihr Gemahl Justinian von der Heiligkeit des abgeschiedenen Ortes so beeindruckt gewesen sein, dass sie eine kleine Kapelle erbauen ließen. Seinen Namen erhielt das Kloster erst im Mittelalter, nachdem kolportiert worden war, dass die griechisch-orthodoxen Mönche in ihrer Basilika den angeblichen Leichnam der heiligen Katharina von Alexandrien – eine Königstochter aus Zypern, die um das Jahr 300 in Alexandria gelebt haben soll – aufbewahren sollen.

Blick vom Mosesberg (Djebel Musa): »Denn sie … kamen in die Wüste Sinai und lagerten sich dort … gegenüber dem Berge.« Oben: Die Kapelle auf dem Mosesberg bezeichnet jene Stelle, wo der legendäre Anführer der Israeliten einst die Zehn Gebote entgegen genommen haben soll.

Mosesberg

Ungefähr 50 000 Menschen besuchen jährlich das Katharinenkloster. Mehr als die Hälfte davon, so wird geschätzt, besteigt den angrenzenden Gipfel, auf dem der Bibel zufolge Jahwe dem Propheten die Gesetzestafeln mit seinen Zehn Geboten überreicht haben soll. Mehrere Routen führen auf den 2285 Meter hohen Mosesberg, die direkteste über eine Treppe aus über 3000 Steinstufen. Die Legende will, dass sie von einem einzigen Mönch gebaut worden ist, der damit ein Gelübde einlöste. Ungleich seltener wird der benachbarte Katharinenberg bestiegen, mit 2637 Metern die höchste Erhebung des Sinai. Hierhin soll der Legende nach ein Engel die Gebeine der heiligen Katharina von Alexandria gebracht haben, was angeblich erst Hunderte Jahre nach ihrer Hinrichtung bemerkt wurde. Unebenheiten im Boden auf dem Gipfel, heißt es, seien Abdrücke ihres Leichnams.

Beduinenfrauen sind sehr scheu und bedecken sofort ihr Gesicht, wenn sich ihnen ein Fremder nähert. Ihre Rolle ist ambivalent. Einerseits werden sie verehrt und haben einige Mitspracherechte, andererseits werden sie diskriminiert: Anders als der Mann dürfen sie sich weder scheiden lassen noch nach dem Tod des Partners erneut heiraten.

UNTERWEGS IM REICH DER BEDUINEN

Im Herbst 1996 wurde die Region rund um das Katharinenkloster zum Nationalpark erklärt (seit 2002 zählt beides auch zum Welterbe der UNESCO). Das 4300 Quadratkilometer große Schutzgebiet umfasst das Gebirge des südlichen Sinai. Es ist Lebensraum von Steinböcken, Rotfüchsen, Streifenhyänen, Wölfen und Gazellen sowie von 170 verschiedenen Heilpflanzen. Rund 7000 Beduinen leben hier und sind in einer zwiespältigen Situation. Denn die Lust der Fremden auf einen Kamelritt, eine Fahrt im Jeep oder eine geführte Fußwanderung durch die Landschaft ihrer Heimat beschert ihnen ein willkommenes Einkommen und indirekt ein wenig Komfort für ein nach wie vor äußerst spartanisches Dasein. Nicht wenige verdingen sich sogar in den Badezentren als saisonale Lohnarbeiter und vertauschen während dieser Zeit ihre Zelte mit Siedlungshäuschen aus Beton. Andererseits hadern sie, deren Frauen nach wie vor ihr farbenprächtiges, knöchellanges Gewand und den »qatif« – den bunt bestickten Gesichtsschleier – tragen, wie die meisten der insgesamt 120 000 Halbnomaden des Sinai bis heute mit der staatlichen Bürokratie, die von ihnen partout Geburts- und Heiratsurkunden, Identitätsausweise sowie, noch schlimmer, Eigentumsverträge für das Land verlangt, das sie seit Menschengedenken unter ihren Stämmen aufgeteilt haben.

Rund 480 Quadratkilometer Land- und Meeresfläche schützt der Râs Muhammad National Park (unten) an der Südspitze der Halbinsel Sinai. Zum Park gehören auch die See- und Landgebiete der Tiran- und Sanafir-Inseln sowie der Küstenstreifen von Sharm el-Sheik (oben).

Sharm el-Sheikh, Râs Muhammad National Park

Vor einer Generation noch ein unbedeutendes Fischerdorf, hat sich der unweit der Südspitze des Sinai gelegene Ort seither zu einem begehrten Treffpunkt für Bade- und Tauchurlauber gemausert. Seine Infrastruktur konzentriert sich im Wesentlichen auf zwei Zonen: die Marina und Naama Bay. Hier existiert ein natürlicher, von einer gepflegten Promenade gesäumter Sandstrand. Zudem haben sich Hilton, Hyatt, Mövenpick & Co. verpflichtet, höchstens dreigeschossig zu bauen, ihren Bedarf an Wasser mittels Entsalzungsanlagen selbst zu decken und dieses hernach durch Kläranlagen zu entsorgen. Die Inseln und die meisten Küsten der Umgebung – namentlich um Râs Muhammad sowie Nabq – sind von Wildhütern überwachte Naturreservate. Und die Unterwasserwelt berauscht – wovon bereits eine Schnorchelrunde einen guten Eindruck gibt – in der Tat die Sinne.

Ein ganzjährig warmes bis heißes Klima und angenehme Wassertemperaturen bieten hervorragende Bedingungen für einen erholsamen Urlaub am Roten Meer – etwa in Hurghada (unten und rechte Seite), einer auch bei Tauchern beliebten, von schönen Lagunen gesäumten Region (oben).

Von Hurghada bis Marsa Alam

Rund 400 Kilometer südlich von Suez, in Hurghada am Westufer des Roten Meeres, standen Anfang der 1980er-Jahre am Rand des Fischerdorfes erst zwei Hotels. Inzwischen ist ihre Zahl auf über 300 angewachsen. Die Anziehungskraft dieser Region scheint enorm – kein Wunder, sind hier doch die entscheidenden Faktoren für einen gelungenen Badeurlaub allesamt garantiert: wolkenloser Himmel, glasklares Meer mit artenreicher Fauna und selbst im Winter moderate Temperaturen über und unter Wasser. Das Gleiche sagen kann man auch für die nahen – eher für die Komfortbedürfnisse einer etwas zahlungskräftigeren Klientel konzipierten – Anlagen in El Gouna, der Soma-Bay und der Makadi-Bucht. Noch jüngeren Datums sind die weiter südlich gelegenen Bade- und Tauchreviere von Safaga und Quseir sowie Marsa Alam und Galeb.

»Regenwälder des Ozeans« werden Korallenriffe auch genannt. Die Parallelen liegen auf der Hand: Neben den tropischen Regenwäldern gehören die sensiblen Ökosysteme unter Wasser zu den artenreichsten Lebensräumen der Erde, und wie diese bedürfen sie besonderer Schutzanstrengungen.

AUF TAUCHKURS IM UNTERWASSERPARADIES

Die Hauptattraktion des Südsinai ist neben seiner Gebirgslandschaft die Unterwasserwelt. Weit gereiste Taucher rühmen die Riffe im Golf von Aqaba, zwischen Sharm el-Sheikh und dem Grenzort Taba als eines der reizvollsten Reviere der Erde. Da diese direkt am Ufer liegen und knapp unter der Wasseroberfläche beginnen, sind sie auch für Schnorchler geeignet. Schätzungsweise 250 verschiedene Korallen- und über 1000 Fischarten sind entlang der über 1500 Kilometer langen Riffe heimisch. Besonders prachtvolle Korallenbänke finden sich rund um Râs Muhammad an der südlichsten Spitze der Halbinsel: 1988 wurde das Gebiet zum ersten Nationalpark Ägyptens erklärt. Die einschlägige Infrastruktur – vom Geräteverleih bis zu den Kursangeboten – ist perfekt ausgebaut. Zu einem weiteren Paradeziel für den internationalen Tauchtourismus hat sich in den letzten Jahrzehnten dank Orten wie Hurghada, Safaga und Marsa Alam die Westküste des Roten Meeres entwickelt. Nicht zu leugnen ist allerdings, dass der Massenansturm hier wie dort bereits spürbare Schäden für die Natur mit sich gebracht hat. So sind viele sensible Fische vor den Motorbooten wie vor den merkwürdig vor sich hinstrampelnden Zweibeinern in stillere Küstenabschnitte geflohen. Und die Ausflugsboote verursachen mit ihren Ankern irreparable Schäden.

Mit dem Taxi durch Kairo: Im allgegenwärtigen Verkehrschaos lernt man, geduldig zu sein – »Es-sabr gamil«, »die Geduld ist schön«, heißt es hier –, und auf Gott zu vertrauen: »Insha' Allah« (»So Gott will«) …

ATLAS

Der größte Teil von Ägypten besteht aus Gesteins-, Sand- und Bergwüsten, die sich zu beiden Seiten des Niltals und auf der Halbinsel Sinai erstrecken. Trotz des überwiegend trocken-heißen Klimas sinken in den Wüsten und auf dem Sinai in den Wintermonaten die Temperaturen unter null Grad Celsius, an der Mittelmeerküste fallen mitunter heftige Winterregen. Der Nil ist die einzige Wasserader des Landes. Rotes Meer und Mittelmeer verbindet der Suezkanal, eine der wirtschaftlich bedeutendsten Wasserstraßen der Welt.

»Statt weiter und weiter zu reisen ..., wärs nicht richtiger, langsam ... den Nil entlang zu fahren?; das ist keine Reise mehr, das ist Leben, eine Verwandlung, ein Traum des Daseins ... und eine wirkliche tiefe Besinnung.« (Rainer Maria Rilke)

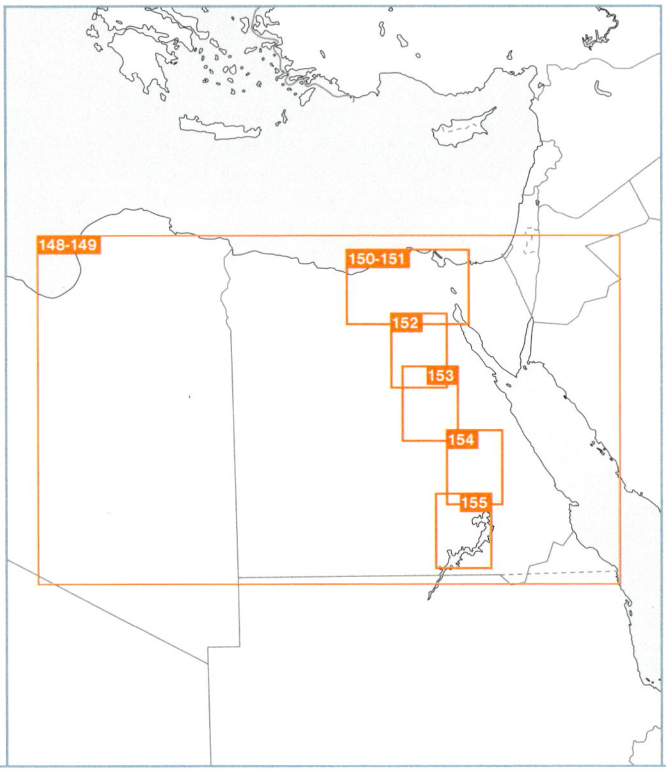

ZEICHENERKLÄRUNG ZU DEN KARTEN 1:950 000

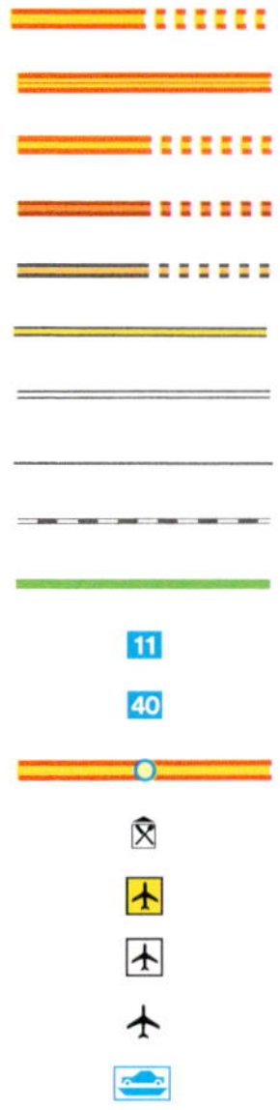

- Autobahn (im Bau)
- Gebührenpflichtige Autobahn
- Vier- oder mehrspurige Straße (im Bau)
- Fernstraße (im Bau)
- Wichtige Hauptstraße (im Bau)
- Hauptstraße
- Nebenstraße
- Piste
- Eisenbahn
- National- und Naturpark
- Autobahnnummer
- Andere Straßennummer
- Anschlussstelle
- Autobahnrasthaus mit Motel
- Wichtiger Flughafen
- Flughafen
- Flugplatz
- Autofähre

LEGENDE

Die Karten auf den folgenden Seiten zeigen Ägypten im Maßstab 1:950 000. Die geografischen Details werden dabei durch eine Vielzahl touristischer Informationen ergänzt: zum einen durch das ausführlich dargestellte Verkehrsnetz, zum anderen durch Piktogramme, die Lage und Art aller wichtigen Sehenswürdigkeiten und Freizeitziele bezeichnen. Touristisch interessante Städte sind durch eine gelb hinterlegte Bezeichnung hervorgehoben. Auch die von der UNESCO zum Welterbe gezählten Monumente sind besonders gekennzeichnet.

PIKTOGRAMME

Berühmte Reiserouten

- Autoroute
- Schiffsroute

Naturlandschaften und -monumente

- UNESCO-Weltnaturerbe
- Gebirgslandschaft
- Felslandschaft
- Schlucht/Canyon
- Flusslandschaft
- Seenlandschaft
- Dünenlandschaft
- Depression
- Oase
- Naturpark
- Nationalpark (Landschaft)
- Küstenlandschaft
- Insel
- Strand
- Korallenriff
- Unterwasserreservat
- Fossilienfundstätte
- Wildreservat

Kulturmonumente und -veranstaltungen

- UNESCO-Weltkulturerbe
- Außergewöhnliche Metropole
- Vor- und Frühgeschichte
- Prähistorische Felsbilder
- Alter Orient
- Altes Ägypten
- Altägyptische Pyramiden
- Griechische Antike
- Römische Antike
- Nabatäische Kultur
- Islamische Kulturstätte
- Jüdische Kulturstätte
- Christliche Kulturstätte
- Christliches Kloster
- Historisches Stadtbild
- Imposante Skyline
- Burg/Festung/Wehranlage
- Palast/Schloss
- Technisches/industrielles Monument
- Staumauer
- Sehenswerter Leuchtturm
- Grabmal
- Kriegsschauplatz/Schlachtfeld
- Denkmal/Monument
- Mahnmal
- Spiegel- und Radioteleskop
- Markt
- Feste und Festivals
- Museum
- Freilichtmuseum
- Herausragendes Gebäude

Bedeutende Sport- und Freizeitziele

- Golf
- Segeln
- Windsurfen
- Tauchen
- Badeort
- Seehafen
- Freizeitpark
- Aussichtspunkt

Maßstab 1:4 500 000

0 40 80 Kilometer

Berühmte Reiserouten

- Autoroute
- Bahnstrecke
- Schiffsroute

Herausragende Naturlandschaften und Naturmonumente

- UNESCO-Weltnaturerbe
- Gebirgslandschaft
- Felslandschaft
- Schlucht/Canyon
- Flusslandschaft
- Seenlandschaft
- Wüstenlandschaft
- Oase
- Depression
- Nationalpark (Landschaft)
- Wildreservat
- Küstenlandschaft
- Strand
- Korallenriff
- Insel
- Unterwasserreservat

Herausragende Metropolen, Kulturmonumente und -veranstaltungen

- UNESCO-Weltkulturerbe
- Außergewöhnliche Metropole
- Alter Orient
- Altes Ägypten
- Altägyptische Pyramiden
- Griechische Antike
- Römische Antike
- Nabatäische Kultur
- Jüdische Kulturstätte
- Christliche Kulturstätte
- Islamische Kulturstätte
- Historisches Stadtbild
- Burg/Festung/Wehranlage
- Palast/Schloss
- Technisches/industr. Monument
- Staumauer

Sport- und Freizeitziele

- Tauchen
- Windsurfen
- Badeort

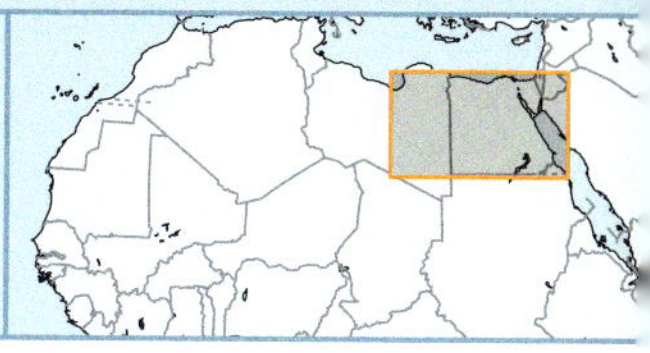

Maßstab 1:950 000

0 10 20 Kilometer

Berühmte Reiserouten

- Autoroute
- Bahnstrecke
- Schiffsroute

Herausragende Naturlandschaften und Naturmonumente

- UNESCO-Weltnaturerbe
- Gebirgslandschaft
- Felslandschaft
- Schlucht/Canyon
- Flusslandschaft
- Seenlandschaft
- Wüstenlandschaft
- Oase
- Fossilienfundstätte
- Naturpark
- Nationalpark (Landschaft)
- Küstenlandschaft
- Strand
- Korallenriff
- Insel
- Unterwasserreservat

Herausragende Metropolen, Kulturmonumente und -veranstaltungen

- UNESCO-Weltkulturerbe
- Altes Ägypten
- Altägyptische Pyramiden
- Griechische Antike
- Christliche Kulturstätte
- Christliches Kloster
- Islamische Kulturstätte
- Historisches Stadtbild
- Burg/Festung/Wehranlage
- Palast/Schloss
- Technisches/industr. Monument
- Herausragendes Gebäude
- Spiegel- und Radioteleskop
- Markt/Basar
- Museum
- Freilichtmuseum

Sport- und Freizeitziele

- Golf
- Segeln
- Seehafen
- Badeort

Maßstab 1:950 000

0 10 20 Kilometer

Berühmte Reiserouten
- Autoroute
- Bahnstrecke
- Schiffsroute

Herausragende Naturlandschaften und Naturmonumente
- UNESCO-Weltnaturerbe
- Gebirgslandschaft
- Felslandschaft
- Schlucht/Canyon
- Flusslandschaft
- Seenlandschaft
- Wüstenlandschaft
- Oase
- Fossilienfundstätte
- Naturpark
- Nationalpark (Landschaft)
- Nationalpark (Fauna)
- Insel

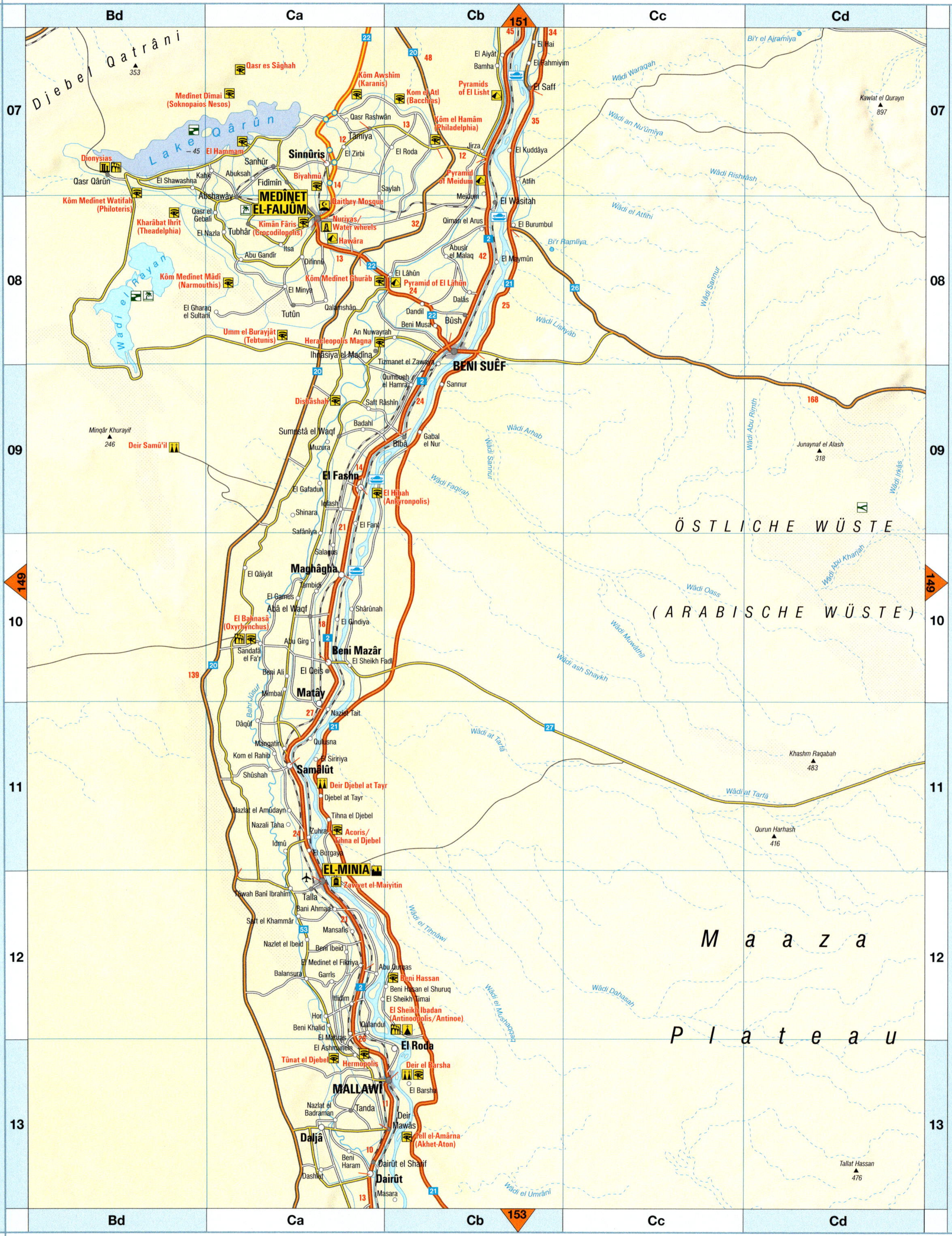

Herausragende Metropolen, Kulturmonumente und -veranstaltungen

- UNESCO-Weltkulturerbe
- Altes Ägypten
- Altägyptische Pyramiden
- Griechische Antike
- Römische Antike
- Christliche Kulturstätte
- Christliches Kloster
- Islamische Kulturstätte
- Historisches Stadtbild
- Burg/Festung/Wehranlage
- Palast/Schloss
- Technisches/industr. Monument
- Staumauer
- Grabmal
- Markt/Basar
- Museum

Sport- und Freizeitziele

- Golf

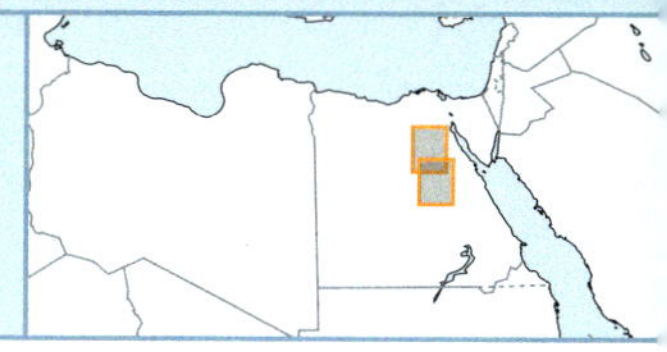

Maßstab 1:950 000

0 10 20 Kilometer

Berühmte Reiserouten

- Autoroute
- Bahnstrecke
- Schiffsroute

Herausragende Naturlandschaften und Naturmonumente

- UNESCO-Weltnaturerbe
- Gebirgslandschaft
- Felslandschaft
- Schlucht/Canyon
- Flusslandschaft
- Seenlandschaft
- Wüstenlandschaft
- Oase
- Fossilienfundstätte
- Naturpark
- Nationalpark (Landschaft)
- Nationalpark (Fauna)
- Insel

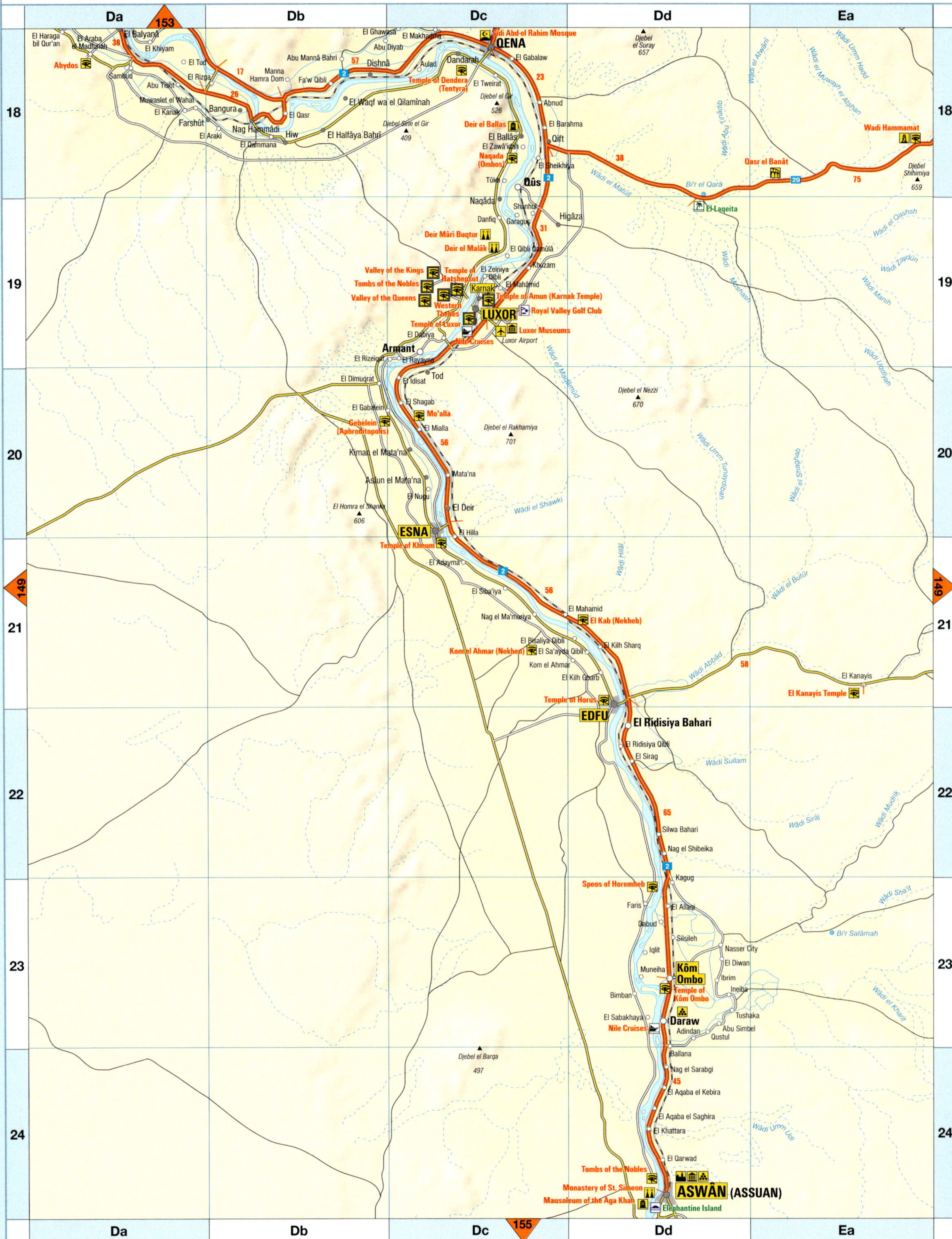

Herausragende Metropolen, Kulturmonumente und -veranstaltungen

- UNESCO-Weltkulturerbe
- Altes Ägypten
- Altägyptische Pyramiden
- Griechische Antike
- Römische Antike
- Christliche Kulturstätte
- Christliches Kloster
- Islamische Kulturstätte
- Historisches Stadtbild
- Burg/Festung/Wehranlage
- Palast/Schloss
- Technisches/industr. Monument
- Staumauer
- Grabmal
- Markt/Basar
- Museum

Sport- und Freizeitziele

- Golf

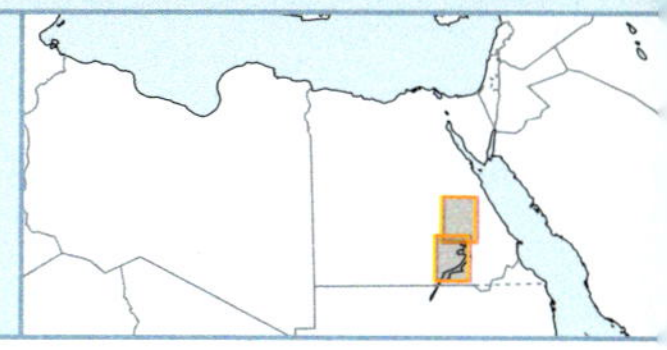

Die Registereinträge beziehen sich auf den Bildteil und auf die Karten. Nach dem Stichwort folgt, entsprechend dem Karteneintrag, ein Piktogramm (Erklärung Seite 147), das auf die Art der Sehenswürdigkeit verweist. Seitenzahl und Suchfeldangabe für den Kartenteil sind fett gedruckt. Danach folgt die Seitenzahl für den Bildteil, und zuletzt werden Internet-Adressen angegeben, die einen raschen Zugriff auf weitere aktuelle Informationen über die in diesem Werk beschriebenen Orte und Sehenswürdigkeiten ermöglichen. Die meisten Einträge auf den Bildseiten sind auch im Kartenteil zu finden, der darüber hinaus eine Fülle weiterer touristischer Hinweise bietet.

Von links: bei den Pyramiden von Gizeh, Altstadt von El Qasr in der Oase Dakhla, Blick über den Mosesberg, auf der Nilinsel Elephantine, koptischer Gottesdienst in Kairo.

Von links: Ramessidenstatue in Tanis, Tempelanlage von Luxor, Tauchen im Roten Meer. Rechte Seite: Anubis, der schakalköpfige ägyptische Gott der Unterwelt, geleitet einen (der Kopfbedeckung nach zu urteilen) Pharao ins Reich der Toten (Darstellung auf einem Papyrus).

Bildnachweis

Abkürzungen:

A	Alamy
C	Corbis
CE	Clemens Emmler
G	Getty
L	Laif
MM	Michael Martin
P	Premium

o = oben, u = unten, M = Mitte, l = links, r = rechts

Reihenfolge seitenweise im Uhrzeigersinn von links oben

Umschlag oben L/Arthur Selbach, Umschlag Mitte P/StockImages/S. Harris, Umschlag unten Ifa-Bilderteam/Shashin Koubou, Umschlag Rücken P/Janek, : Umschlag hinten L/Emmler, S. 1 CE, 2/3 G/Photographer's Choice/Sylvain Grandadam 4/5 CE, 6/7 CE, 8 L/Emmler, 8/9 L/Krause, 10.1 akg-images/Erich Lessing, 10.2 akg-images/Werner Forman, 10.3 akg-images/Erich Lessing, 10.4 akg-images/ Werner Forman, 10/11 Hervé Champollion/akg-images, 11.1 akg-images/Werner Forman, 11.2 akg-images/Rabatti-Domingie, 11.3 akg-images/Hervé Champollion, 11.4 akg-images/ Hervé Champollion, 12 ol L/Heeb, 12 or L/Heeb, 12/13 L/Emmler, 13 CE, 13.1 L/Hemispheres, 14 CE, 14/15, 14 ol L/Heeb, 14 oM L/Krause, 14 or L/Krause, 14/15 L/Heeb, 15 o L/Hemispheres, 15 M L/Emmler, 15 u L/Heeb, 16 ol akg-images/ Hilbich, 16 oM L/Gamma, 16 or L/Krause, 16/17 L/Krause, 17 L/Tatlow, 18 o L/Krause, 18.1 G/Stone/NPA, 18.2 CE, 18/19 L/Krause, 20 ol CE, 20 oM CE, 20 or CE, 20.1 CE, 20.2 MM, 20.3 CE, 20.4 CE, 21 CE, 22 ol C/Roger Wood, 22 oM C/Sandro Vannini, 22 or C/Roger Wood, 22.1–5 L/Gamma, 23.1–4 L/Gamma, 23.2 L/Gamma, 24 ol L/Krause, 24 oM L/Krause, 24 or L/Krause, 24 L/Krause, 25. 1 L/Krause, 25.2 L/Krause, 25.3 L/Krause, 25.4 C/K. M. Westermann, 26 ol C/Dave Bartruff, 26 or C/Dave Bartruf, 26/ C/Andrea Jemolo, 27 o. ifa/W. Grubbe, 27 M A/Eddie Gerald, 27 u A/Peter Jousiffe, 28 ol L/VU, 28 oM P/Buff, 28 or L/Gamma, 21.1 L/Krause, 28.2 L/Krause, 28.3 L/Emmler, 28.4 CE, 28.5 CE, 28/29 L/Krause, 30 ol CE, 30 or CE, 30 C/Carmen Redondo, 30/31 C/Carmen Redondo, 32 L/Heeb, 32/33 CE, 34 o L/Heeb, 34/35 L/Krause, 35 CE, 36 o CE, 36 CE, 36/37 L/Emmler, 38 ol L/Kirchgessner, 38 M L/Emmler, 38 or L/Krause, 31.1 L/Kirchgessner, 38.2 L/Krause, 39.1 L/Laif, 39.2 CE, 40 ol L/Emmler, 40 oM L/Emmler, 40 or L/Emmler, 40/41 L/Krause, 41 o L/Kirchgessner, 41 M L/Emmler, 41 u L/Heeb, 42 ol L/Kirchgessner, 53 oM CE, 42 or L/Emmler, 42/43 L/Emmler, 43 L/Emmler, 44 ol CE, 44 or CE, 44/45 CE, 46 o CE, 46/47 L/CE, 48 o. akg-images/Andrea Jemolo, 48 A/Gordon Sinclair, 48/49 A/Gordon Sinclair, 49 A/Gordon Sinclair, 50 ol L/Emmler, 50 or CE, 50.1 L/CE, 50.2 A/Eddie Gerald, 50/51 L/Kirchgessner, 52 ol L/Kimmig, 52 oM L/Kirchgessner, 52 or C/Reuters/Victoria Hazou, 52.1 A/John Wreford, 52/53 CE, 54 ol CE, 54 or CE, 54/55 MM, 55 o CE, 55 M CE, 55 u L/CE, 56 P/Janek, 56/57 P, 58 ol L/Heeb, 58 oM L/Heeb, 58 or L/Emmler, 58/59 CE, 59 CE, 60 ol Ifa/ArnoldImages, 60 oM CE, 60 or L/Krause, 60/61 CE, 62 ol G/The Bridgeman Art Library, 62 oM G/The Bridgeman Art Library, 62/or C/Christie's Images, 62/63 G/The Bridgeman Art Library, 63 G/The Bridgeman Art Library, 64 o CE, 64/65 L/Krause, 65 L/Gamma, 66 ol L/Krause, 66 oM L/Emmler, 66 or L/Krause, 66/67 L/Krause, 68 o L/Kirchgessner, 68 G/Frans Lemmens, 69 L/Hemispheres, 70 G/Panoramic Images, 70/71 CE, 72 ol L/Emmler, 72 or CE, 72/73 L/Emmler, 74 ol L/Emmler, 74 or L/Emmler, 74 L/Fechner, 74/75 CE, 76 ol L/Hemispheres, 76 or L/Gamma, 76 ul mauritius images/Richard Mayer, 76 ur mauritius images/Frank Lukassek, 76/77 G/Image Bank/ Sylvain Grandadam, 78 ol Bildarchiv Monheim/ Rainer Kiedrowski, 78 oM A/ Robert Harding Picture Library Ltd, 78 or L/Emmler, 78 L/Emmler, 78/79 CE, 80 ol CE, 80 oM L/Laif, 80 or CE, 80 CE, 80/81 L/Emmler, 82 A/Helene Rogers, 82/83 A/ BL Images Ltd, 84 ol C/Sandro Vannini, 84 or C/zefa/Theo Allofs, 84.1 C/Sandro Vannini, 84.2 C/Sandro Vannini, 84.3 C/ Gianni Dagli Orti, 84/85 C/Sandro Vannini, 86 ol MM, 86 or L/Emmler, 86 or MM, 86.1–3 MM, 86/87 MM, 88.1 C/Francis G. Mayer, 88.2 C/Ruggero Vanni, 88.3 C/Sandro Vannini, 88.4 C/The Art Archive, 88.5 akg-images/Werner Forman, 86 L/Krause, 87/87 L/Krause, 87 L/Krause, 90 ol C/Wolfgang Kaehler, 90 oM f1 online, 90 or C/Wolfgang Kaehler, 90.1 C/Sandro Vannini, 90.2 C/Roger Wood, 90.3 C/Roger Wood, 91.1 C/Roger Wood, 91.2 C/Robert Holmes, 91.3 C/Roger Wood, 92 ol A/Eyebyte, 92 or A/Chad Ehlers, 92 L/Krause, 92/93 L/Krause, 94 L/Emmler, 94/95 L/ Hemispheres, 96 o L/ Arthur Selbach, 96 G/Westmoreland, 96/97 L/Krause, 97 o Mediacolor's, 97 M CE, 97 u DFA/Riedmiller, 98 ol L/LITTAYE ALAIN, 98 oM CE, 98 or CE, 98/99 L/Heeb, 100 o L/Heeb, 100 u IFA-Bilderteam/Alexandre, 100/101 MM, 102 o G/National Geographic/ Kenneth Garrett, 102/103 C/Christophe Boisvieux, 102 l L/Krause, 103 r akg-images, 104 ol P/Nawrocki/Stock/S. Vidler, 104 or C/Tibor Bognár, 104 MM, 104/105 P/T. Smith, 106 ol MM, 106 or MM, 106/107 P, 107 Hub/Damm 108 ol C/Hulton-Deutsch Collection, 108 oM C/Hulton-Deutsch Collection, 108 or C/Bettman, 108/109 G/National Geographic, 109 o A/Bennett-Photo, 109 M G/ National Geographic, 109 u Franck Goddio/Hilti Foudation (Foto: Christoph Gerigk), 110 ol A/Elvele Images, 110 or MM, 110 L/Krause, 110/111 MM, 111 L/Krause, 112 ol L/Krause, 112 or L/Modrow, 112/113 MM, 113 o MM, 113 Mitte links CE, 113 Mitte rechts CE, 113 u L/Emmler, 114 o MM, 114/115 Hub/Zoom 115 stone_press, 116 ol MM, 116 oM MM, 116 or CE, 116 L/Emmler, 117 L/Emmler, 118.1 G/Riser, 118.2 G/National Geograhic, 118.3 G/Taxi, 118.4 C/Bettmann, 118/119 G/National Geographic, 119 L/Modrow, 120 ol L/Hemispheres, 120 oM L/Krause, 120 or L/Krause, 120.1 P/Boyer, 120.2 G, 120/121 Hub, 122 L/Emmler, 122/123 L/Kirchner 124 o ifa-bilderteam/Picture Finders, 124.1 C/NASA, 124.2 L/Krause, 124.3 L/Krause, 124/125 L/Krause, 126 ol A/Eddie Gerald, 126 oM A/KHALED KASSEM, 126/127 L/Emmler, 128 ol L/Emmler, 128 oM CE, 128 or CE, 128/139 CE, 130 ol L/Kirchgessner, 130 oM A/Robert Harding Picture Library Ltd, 130 or A/Jon Arnold Images, 130/131 A/Jon Arnold Images, 131 L/Martin Kirchner, 132 ol MM, 132 oM CE, 132 or L/Krause, 132/133 MM, 134 o L/Kirchner, 134/135 L/Kirchner, 136 ol L/Emmler, 136 oM CE, 136 or C/Kevin Fleming, 136/137 CE, 138 o A/DAVID NOBLE PHOTOGRAPHY, 138.1 CE, 138.2 CE, 138/139 CE, 140 ol SAS/Alamy, 140 oM SAS/Alamy, 140 or LOOK-foto/Reinhard Dirscherl, 140/141 mauritius images/Josef Beck, 141 mauritius images/Peter Lehner, 142 ol L/Hemispheres, 142 oM L/RAPHO, 142 or L/Hemispheres, 142/143 L/Hemispheres, 143.1–10 L, 144/145 L/Kirchgessner, 146/ 147 L/Emmler, 159 L/Emmler

Impressum

Innere Wiener Straße 13
81667 München
Telefon +49.89.45 80 20-0
Fax +49.89.45 80 20-21
www.kunth-verlag.de

Text: Walter M. Weiss

ISBN 978-89944-394-3

Printed in Germany

Alle Fakten wurden nach bestem Wissen und Gewissen mit der größtmöglichen Sorgfalt recherchiert. Redaktion und Verlag können jedoch für die absolute Richtigkeit und Vollständigkeit der Angaben keine Gewähr leisten. Der Verlag ist für alle Hinweise und Verbesserungsvorschläge jederzeit dankbar.